哈佛商务指南系列④

项目管理

——按时按预算交付项目的基本技能

哈佛商学院出版公司 编

李争鸣 译

商务印书馆

2012年·北京

Managing Projects Large and Small:

The Fundamental Skills for Delivering on Budget and on Time

图书在版编目(CIP)数据

项目管理——按时按预算交付项目的基本技能/哈佛商学院出版公司编;李争鸣译.—北京:商务印书馆,2007(2012.6重印)
(哈佛商务指南系列)
ISBN 978-7-100-05260-3

Ⅰ.项… Ⅱ.①哈…②李… Ⅲ.项目管理 Ⅳ.F224.5

中国版本图书馆CIP数据核字(2006)第160914号

项 目 管 理

——按时按预算交付项目的基本技能

哈佛商学院出版公司 编

李争鸣 译

商 务 印 书 馆 出 版

(北京王府井大街36号 邮政编码 100710)

商 务 印 书 馆 发 行

北京瑞古冠中印刷厂印刷

ISBN 978-7-100-05260-3

2007年6月第1版 开本 710×1000 1/16

2012年6月北京第2次印刷 印张 14¼

定价:36.00元

致中国读者

哈佛商学院经管图书简体中文版的出版使我十分高兴。2003 年冬天，中国出版界朋友的到访，给我留下十分深刻的印象。当时，我们谈了许多，我向他们全面介绍了哈佛商学院和哈佛商学院出版公司，也安排他们去了我们的课堂。从与他们的交谈中，我了解到中国出版集团旗下的商务印书馆，是一个历史悠久、使命感很强的出版机构。后来，我从我的母亲那里了解到更多的情况。她告诉我，商务印书馆很有名，她在中学、大学里念过的书，大多都是由商务印书馆出版的。联想到与中国出版界朋友们的交流，我对商务印书馆产生了由衷的敬意，并为后来我们达成合作协议、成为战略合作伙伴而深感自豪。

哈佛商学院是一所具有高度使命感的商学院，以培养杰出商界领袖为宗旨。作为哈佛商学院的四大部门之一，哈佛商学院出版公司延续着哈佛商学院的使命，致力于改善管理实践。迄今，我们已出版了大量具有突破性管理理念的图书，我们的许多作者都是世界著名的职业经理人和学者，这些图书在美国乃至全球都已产生了重大影响。我相信这些优秀的管理图书，通过商务印书馆的翻译出版，也会服务于中国的职业经理人和中国的管理实践。

20 多年前，我结束了学生生涯，离开哈佛商学院的校园走向社会。哈佛商学院的出版物给了我很多知识和力量，对我的职业生涯产生过许多重要影响。我希望中国的读者也喜欢这些图书，并将从中获取的知识运用于自己的职业发展和管理实践。过去哈佛商学院的出版物曾给了我许多帮助，今天，作为哈佛商学院出版公司的首席执行官，我有一种更强烈的使命感，即出版更多更好的读物，以服务于包括中国读者在内的职业经理人。

在这么短的时间内，翻译出版这一系列图书，不是一件容易的事情。我对所有参与这项翻译出版工作的商务印书馆的工作人员，以及我们的译者，表示诚挚的谢意。没有他们的努力，这一切都是不可能的。

哈佛商学院出版公司总裁兼首席执行官

万季美

目　录

目　录

序 言

序 言

项目管理是现代管理的一种重要工具，尤其对于大项目、独特的项目和需要许多技能的项目而言。我们把项目管理定义为在一个规定时间内为实现一个特定目标对资源所进行的分配、跟踪和利用。这种形式的管理关注一个项目（project）中的特殊活动，也就是一系列（1）为了获得一个独特的可交付的成果（例如一个新的商用机身）和（2）时间被明确限制在开始和终止之间的活动。例如设计一款新型轿车与项目的定义很相符。其可交付成果是建立一种独特的、经过市场检测的并且可被制造的车辆的规格。一旦规格被建立，就可进行新款轿车的生产，项目也就结束了。轿车的生产、市场开发、销售和服务的工作可交给已建立的部门或业务单位来完成。

快速变化和激烈竞争所带来的压力迫使越来越多的组织工作转变成项目工作。技术革新和顾客需求的改变使得工作的常规性和重复性日益降低，也就是说，工作变得更独特，那些按照常规业务的特点而设立的部门很难完成这样的工作。同时，竞争的压力也迫使企业更快捷地完成它们的工作。

当然，要想按时按预算地交付一个项目，需要好的项目管理，并且项目越大，越需要有好的项目管理。人们希望项目经理把高层管理者的集体决策，由最初模糊的想法转变成可被测量的和可被评价的体系，这个体系能将大量的知识、技能和资源应用到重要的组织目标上。项目管理和项目管理者能帮助组织完成巨大而且重要的工作。一个有效的项目管理所带来的益处是巨大的，下面只介绍几个方面：

- 可按时按预算完成工作。这样做可以增加项目的可预测性。
- 减少开发时间。在合理的计划范围内找到实现目标的方式，这样的项目管理可以降低风险的发生。
- 有效地利用资源。合理的项目管理不会浪费资金和重要职员的时间。

鉴于项目管理的这些优点，项目管理的技术很自然地被应用到大的建筑工程、军用和商用飞机的开发、电子商务网站的建立、电影以及许多其他复杂的工作上，甚至还被应用在政治运动上。

起　　源

设立目标、建立组织、规划完成和进行管理是项目管理的核心要素。它们不是什么新事物，一定在过去以一种形式或另一种形式被应用过。古代的宏大建筑，如埃及金字塔、罗马的伟大建筑以及公路和水路系统等都具有现代项目的大部分特点。如果没有可观的工程设计、资金、劳动力以及——没错——管理，这些项目是不可能完成的。19 世纪后期的项目在复杂性和规模上都达到了惊人的程度:修建了最初的摩天大楼、横跨大陆的铁路以及巨型汽轮。

20 世纪初,民用工程领域的革新者们开始更系统地考虑他们所面对的工作。他们开始倾听科学管理的倡导者的声音,而且到了 20 世纪 30 年代,他们开始应用当时专业项目经理所使用的一些技术:1931—1935 年建造的胡佛大坝(Hoover Dam)就广泛应用了由亨利·劳伦斯·甘特(Henry Laurence Gantt)设计的以图示方式表示计划的一种工具——也就是现在常见的甘特图;在第二次世界大战期间,曼哈顿(Manhattan)项目制造出了第一个核武器;在 20 世纪 50 年代末,在雷明顿·兰德通用计算机公司(Remington Rand Univac)的计算技术的支持下,杜邦(DuPont)把现在常见的关键路径方法应用到协调复杂的工厂运作和维修工作上;几乎在同时,博思顾问(Booz Allen & Hamilton)公司和美国海军一起创造了计划评审技术(Program Evaluation and Review Technique,简称 PERT),他们的图表和规划成为巨大而复杂的北极星(Polaris)核潜艇项目不可或缺的一部分。

自项目管理技术建立以来,已经从最初的民用工程、建筑和国防工业扩展到其他许多领域。也许你们公司已经启动了一个与"企业资源计划"软件安装有关的项目,准备建立自己的电子商务网站或进行其他重要工作。事实上一些公司是围绕一系列重要项目而组建的。相关的活动,这些公司不围绕传统部门(财务、市场等)来开展业务活动,而是把那些职能归入少数可界定公司业务范围的关键项目之中。美国微软公司(Microsoft)就是这种类型的公司,尽管公司有传统的部门,但是公司的项目组织(办公软件、"视窗"操作系统等等)对公司的成功更为重要,同时它们还能明确说明公司是如何运作的。

逐渐提高的专业化水平

由于项目管理技术可广泛应用于各行业的公司,因此也就难怪许多组织的计划和工作结构变得越来越好。这些技术也已经成为培训课程、咨询服务和项目认证的核心内容。

从项目管理组织的发展可以看到项目管理专业化水平的提高。例如,设置在荷兰的国际项目管理协会(International Project Management Association,网址:www.ipma.ch)在西欧、俄罗斯以及许多发展中国家都设立了分会。协会提供培训,也举办有关项目管理问题的研讨会并资助专业类书籍的出版。同时,总部设在美国费城(Philadelphia)附近的项目管理学会(The Project Management Institute,网址:www.pmi.org)有10万多会员,他们来自世界上大约125个国家。学会资助研究、出版物以及一个严格的基于考试的认证项目,这个项目能促进项目管理职业的发展。学会支持研究的目的是扩展项目管理这一领域的知识;学会也利用定期的学术报告和在线课程提供培训。

专业化水平的提高和就如何管理项目已达成共识所带来的唯

一不利是:人们可能过分依赖那些关于如何去规划工作和如何去执行计划的相关规则。问题是,并不是每一件事情都可以事先算到的。当项目团队推进工作的时候,未来以令人吃惊的方式展现在你面前。对于飞速发展的行业来说更是如此。涉及这个话题的每本书都会指出:项目经理必须为惊人之事的发生作好准备,并且必须制定非常灵活的计划来应对它们的发生。每个人都理解这一点,因此结果是更加关注风险管理。风险管理是项目管理的一部分,它试图预测什么地方可能会出错,并为其制定相应的计划。但万一我们最初的预测就是错误的该怎么办?万一在项目完成之前顾客的要求发生了改变怎么办?为了处理这些风险,应设计应急计划。

不幸的是,人们不可能预测出所有可能出错的问题,也不可能预知所有良机,这些良机可鼓励团队考虑放弃旧的计划,而支持新的事物。更糟的是,一旦计划和规划被制定并被归入文档,就变成不容更改的。那些偏离计划或没有按时和按预算进行交付的人可能会失去管理者的支持。制定不可能实现的计划和规划时,有时行政人员无意间助长了不正常行为的产生,如隐瞒问题,对发出有关问题警告的人不予理睬或者驱逐他们。这种事经常发生。在某个领域有相当丰富经验的人可能会瞄准一个或另一个项目,从表面上看,这些项目好像都是在正常进行。但由于人们害怕说出存在的问题,因此这些项目往往会在最后阶段失败。这些问题总是在最后的几周或几个月内呈现在人们面前,此时已没有时间来解决它们了。本书有两处阐述这种行为的弊端,谈到了最相关的项目调整与量身定制的问题。项目经理必须学会如何实现项目开始时所设定的预期目标以及如何在项目进行中对其进行调整。

本书主要内容

像哈佛商务指南系列中的其他书一样，这本书的目的不是让你成为专家，也不是引导你进行冗长的学术研究。它提出了一个以行动为导向的建议：你的行为必须尽快变得更有效。本书介绍了这个主题的两个基本方面的内容：(1)项目管理的技术(设计、计划和执行等等)，(2)对成功至关重要的许多有关团队的具体问题。项目管理的团队组成是极其重要的，然而许多书里都忽视了这一点。

第1章向你提供一个大体的描述，言简意赅地阐述项目工作的四个过程：界定和组织项目、进行规划、管理项目的执行、一旦工作完成后就终止项目。在随后的章节里将对这些过程进行更详细地描述。

第2章阐明项目工作中典型的角色特征：发起人、项目经理、团队领导和团队成员。每一位参加者都有角色和责任，都有详细的关于角色责任的说明。

下一章，第3章，从操作手册中抽出一页来介绍基于团队的工作。就像每个团队一样，一个项目需要一个章程，章程陈述项目要做什么，运作的时间框架，可支配的资源以及发起人与其他主要股东们希望交付的成果。如果没有成文的章程，项目团队就不能确定项目的目标和股东们的预期结果。更糟糕的是，在项目结束时，发起人可能说："那不是我的意思。"这种事发生过。

一旦项目有了自己的章程，就可以开始运作了。但不要那么快。一定要解决内部运作的问题，并且要就这些问题的解决方法达成一致意见。这些问题包括如何制定决策，追踪未决定的问题的方法，拟订一个与项目成员和股东们进行沟通的计划等等。这些团队的内部问题在第四章中讲述。

第 5 章介绍项目管理的一项重要技术：工作分解结构（work breakdown structure，WBS）。如果你没有很好地掌握这项技术，你就不能规划项目。WBS 把项目分解成一系列易于管理的小任务，同时估算出了完成每一项任务所需的时间和资金。

如果你想全力以赴地实现你的目标，你应准备好好学习下一章，即规划工作。规划应从了解通过 WBS 界定的任务之间的依赖关系开始。依赖关系很重要，例如，清晨当你准备去工作时，最好在穿衣服之前冲个淋浴，不同意吗？当你穿好衣服后，聪明的做法是先穿上袜子然后再穿鞋。如果以错误的顺序完成这些事情，将会把事情搞得一团糟。这与完成项目任务是一样的，一些工作必须等到其他工作完成后或者部分完成后才能开始进行，而一些工作又可与此同时进行。在第 6 章你将学到任务的依赖关系，并且你将读到如何应用项目工具如甘特和计划评审技术图来规划工作，同时本章也阐述了关键路径上的重要问题。

工作分解结构和规划常常可以揭示可能实现的与章程规定和

股东期望之间的差异。例如,你也许遇见一位老板,他坚持在四个月以内完成预算为 20 万美元的项目。如果在目前条款下不能圆满完成项目,就有必要进行取舍和调整,这就是第 7 章要阐述的主题。

第 8 章是关于风险管理。项目计划的制定牵涉到未来可能遇到的意外和挫折。你的项目面对的主要风险是什么?要是技术人员没有按进度生产出一个工作样机呢?如果一个至关重要的供应商停止供货或提交的材料不合规格,将会发生什么事?本章教你如何识别风险,如何采取规避或减少风险影响的行动,并且如何拟订意外事故计划。第 9 章继续以风险为主题,但是在这里主要谈的是你不能合理识别或预知的风险。本章提出一个适应性的项目管理方法作为解决方案。这个方法强调小步前进,随时评估和调整,加快循环周期,提早评估可交付的成果,并关注项目团队成员的快速学习。

第 10 章是关于必须注意的两个准备细节:重大项目的发起和基于团队的工作。发起阶段解释为什么和如何召开项目发起会议。这个会议必须标志着一个重要任务的开始,这个重要任务要和组织的最高目标保持一致,并且所有参与者都能从中获利。会议应提供清楚的证据证明最高管理层支持这个项目和项目的参加者。第 10 章的后面部分主要介绍基于团队工作的基础知识。它解释了项目领导者应该怎样建立行为规范,如会议出勤制度、怎样给予和接受反馈、机密性的重要等等。只有人们理解作为一个团队如何工作,成功才有可能实现。

第 11 章讲述项目经理和团队领导者如何使一切始终处于自己的掌控中并使团队正常运转。当资源有限并且最后期限已定时，他们不能允许个体和工作团队缺乏协作地随意运作。每一个人必须为同一目标工作。在本章提出了掌控项目的四种方法：协调预算和支出，把耗时的冲突转化为合作，沟通，消除问题。

第 12 章谈论项目管理的第四即最后阶段：收尾。收尾与项目开始同样重要。在这个阶段团队将结果交付给发起人和股东们，感谢为项目作出贡献的人们，举办庆祝活动，整理工作文档和总结学到的经验。在这些步骤中，学习最为重要。人们必须回答这个问题，如果明天我们重新开始的话，我们会作哪些改变？他们将回答这个问题，并且把得到的教训传给下一个项目。绝对不会搞错，将来还有项目。

这本书的附加材料包括四项内容，你会发现它们非常有用。

首先是一套项目管理工作表和清单。哈佛商务指南系列里的自由交互式版本和其他重要的工具可以从官方网站下载，网址为 www.elearning.hbsp.org/businesstools。查查看，运气好的话，你能找到你想用的工具。

第二项是"有效会议的向导"。项目通常要召开许多会议，大部分尽责的人们不喜欢会议，的确是那样，这是因为许多会议都是浪费时间的。但是会议是必要的，有效运行的会议可以搞定事情，它们不是白白浪费时间。这个简捷的向导将帮助你准备会议，有效地运行会议和收到更好的会议效果。

第三项是术语表。每一领域都有它特殊的词汇，项目管理也不例外。你可以在本书的术语表中了解相关的定义。

最后，“扩展阅读”提供了一些书目和文章，它们将提供关于书内所涉及话题的更多内容。如果你想挖掘项目管理的更深层的东西，这些补充资料能帮助你。

本书内容大量来源于哈佛商学院出版社的图书、文章和在线期刊，特别是哈佛管理导师（Harvard ManageMentor®）中的项目管理和团队领导模块。哈佛管理导师是一项在线服务。所有的其他资源都使用标准尾注的形式进行了注解。

项目管理

1 项目管理的过程

1 项目管理的过程

四个阶段

本章涵盖的关键话题

- 概述项目管理的四个阶段
- 确定项目的核心问题
- 确认你的项目相关人士

从建造轨道空间站到安装新的信息系统，项目有各种各样而且大小不一。然而项目管理的基本要素是相同的。这些要素的处理，通常分四个阶段：

1. 界定和组织项目
2. 规划项目
3. 管理项目的执行
4. 项目收尾

本章将对全过程进行概述。

图1—1展示了一个整体模型的四个阶段。在某种意义上，这个模型是线性的：首先，我们界定和组织这个项目，然后周密地规划这个工作等等。但实际上项目管理根本不是那样的整齐完美。项目的许多方面是不能预知的，其中有些是负面的，如一个关键供应商或许由于一次罢工而不能供货，或许这个项目经理会接受一个提议

而加入到另外一个公司。其他一些是正面的，例如在开发一个新产品过程中，项目团队成员也许会发现一个重要的新市场，为了开拓这个市场，这个产品的规格需要有轻微的改动。这样的发现会为公司提供一个重要并且不可预知的机遇。但要抓住这样的机遇，需要改变项目的计划和预算。因此说这个模型不全是线性的，必须有反馈回路和四个阶段之间重新调整的机会。甚至在模型的最后阶段，即收尾阶段，也有一个反馈回路，它可以告知下一个项目的启动。这种反馈有助于这个组织从前一个项目中吸取经验并提高未来项目的绩效。

图 1—1　项目管理模型

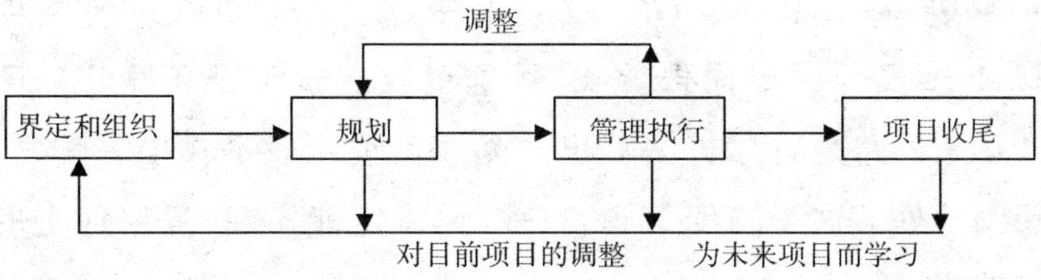

无论你是正在为你的公司计算机网络创建备份系统，还是正忙于下一次火星太空探索，你都将会涉及这四个阶段或相似的程序。下面对每一阶段进行言简意赅的描述。后续章节将对这些内容给予更详细的讲解。

界定和组织项目

这个阶段有两个目的：

1. 尽可能全面而清楚地界定项目目标

2. 根据这些目标组织合适的人员和获取所有必需的资源

界定目标

在刘易斯·卡罗尔（Lewis Carroll）的《爱丽丝镜中奇遇记》（*Through the Looking-Glass*）一书中，爱丽丝（Alice）问柴郡猫（Cheshire Cat）："请你告诉我，从这里我应该走哪条路？"猫回答道："正确的路是看你想去哪里。"爱丽丝说："我不在乎去哪儿，我只想到某处。"这个猫回答道："哦，你肯定能实现，只要你走的时间足够长。"

很显然，你不会像爱丽丝那样无目的和胡乱地行走，直到走到碰巧合适的"某处"。要到达你想去的地方，最好的方法是先确定你的目的地。这种常识性的建议好像是显而易见的，但在实际中不是总能被遵守。你的项目打算解决什么问题？管理层期望你的团队交付什么？你能清楚地回答这些问题，但你的回答不一定能得到每个人的认可。项目团队的其他成员、得到项目产出的相关人士以及判断你的工作是成功或是失败的高层经理们的期望可能会略有不同。所以你在开始规划工作之前，确保他们每个人的观点已达成一致；确定项目目标并用尽可能清晰的条款阐述目标。我们将在第3章阐述项目章程是如何实现这一目的的。

有时让每个人都同意一个目标是件容易的事。当开展项目的动机指向一个清晰的结果时，就更是如此。这时人们对问题的定义是一样的。哈佛教授琳达·阿普尔盖特(Lynda Applegate)、罗伯特·奥斯汀(Robert Austin)和沃伦·麦克法兰(Warren McFarlan)把这些情况称为"高度结构化的项目"。他们认为：在描述公司信息技术项目时，"高度结构化是指任务性质决定产出，用户改变预期产出的想法实际上是不可能的，而且对管理问题实行重大变革也是不可能的。"[1] 不幸的是只有很少的项目情况是高度结构化的。很难永远保持目标一致，甚至已确定的问题也不能得到解决。参考下面的例子：

高级经理支持公司IT部门的经理萨姆(Sam)开发一个新的数据库和数据进入系统，萨姆准备明天开始工作。事实上，一年以来，他一直等待升级公司这部分的IT系统。但是他的回答真的能够解决问题吗？他回答说："我知道问题是什么，那就是每个人都在抱怨他们不能很快地从系统内获取数据，并且他们不得不查阅许多报告来收集他们作决策时所需要的客户信息。"

萨姆所说的抱怨可能是真的，但是它们只是问题的表象，而且没有清楚地表达出用户的需求。那些需求是什么？没有人确切知道。市场部人员也许引用一些所需要的数据，但是生产部和财务部人员可能会引用其他数据。因此没有任何迹象显示什么时候需要调整系统以及公司愿意花多少钱去解决看到的问题。

下面是另一个例子："创建一个网站，它可为我们的客户提供快速、准确、成本有效的产品信息。"这就是一位发起人所描述的项目目标。但目标的确切意思是什么？"快速"是多快？准确又是如何被定义的？一千次交易中允许出现一次错误还是一万次交易中可以出现一次错误，哪一个能满足发起人的期望？成本有效性要达到何种程度？以上所有问题都应该与发起人和主要相关人士进行协商并给出明确回答。所有目标应该是具体的和可被评价的。如果不是这样，项目团队将没有办法得知他们是否实现了发起人的目标。澄清目标的一种方法是借助于对话，对话的目的是达成以下共识：(1)推动项目进行的问题和机遇是什么，(2)项目团队的产出是什么样子。另外还应该有个时间框架并在这个框架内实现项目目标，项目持续的时间不应是无限的。

以上例子里所描述的问题是非常典型的。在真正的项目工作开始之前，必须澄清目标并且就目标达成共识。许多糟糕事情的发生都是由于经理们没有这样去做。在第一个例子中，IT经理萨姆可能会设计出一个或者太简单、或者太复杂、或者是一个没有解决相关人士主要关心的问题的系统，因此他冒着浪费时间的风险；而他的老板也冒着浪费大量资金和许多重要人员精力的风险。

对话是澄清项目目标的一项技术。罗伯特·奥斯汀还建议可采用一项技术,就是开发项目产出的样品。例如,对于一个软件项目,许多人可利用一个简单的样品来展示关键特征和功能。样品的开发需要时间和资金,但是手上有一个可触摸到最终产出的样品,可以引出相关人士的极有用的反馈。得到的反馈与原型有关:例如,“总的来讲,我喜欢这个工作方法,但我想让它变得更易于使用。”与发起人看完描述假定的软件会是什么样的书面文件后作出的反馈相比,这种反馈有很多优势。这种反馈也提供了一些保证:确保你不会在完成一个长期项目后,听到发起人或客户说:“不,这个不是我想要的。”

你的项目的真正核心问题是什么?问下面的问题将有助于你找到核心问题:

- 我们将要启动的项目的目的和需要是什么?
- 为什么人们认为这是一个需要解决的问题?
- 谁在项目结果中有股份?
- 不同相关人士的目标有何不同?
- 相关人士用什么标准判断成功或是失败?

这些问题如果得到相关人士的正确回答,你将增加项目成功的可能性。

谁是相关人士?

相关人士是任何一位对项目结果有既定利益的人。同时相关人士也是一位判断项目是成功还是失败的人。项目团队成员,客户和高级管理者都有可能是相关人士。为了确定你的项目中的相关人士,请关注以下问题:

- 你的项目的活动和产出会影响到的人。
- 为项目提供所需资源的人。所需资源包括:人员、空间、时间、工具以及资金。
- 项目产品的用户或受益者。

这些中的每一个人都是你项目中的相关人士。

组织人力

一旦有了一个令你满意的清晰的目标,下一步工作是组织人力。推动这项工作的是发起和授权项目的高级管理者,也可以是被任命为项目经理的人员。无论在什么情况下,都得有人创建一个能实现项目目标的团队。

在初期阶段,组织者必须考虑目标并制定一个粗略的决策,如完成这项工作需要哪些人和需要什么资源。格雷戈里·沃森(Gregory Watson)在他的《战略基准评价》(*Strategic Benchmarking*)一书中,简单描述了在20世纪70年代,这个方法是如何成功地应用在福特(Ford)汽车公司新型的金牛座(Taurus)车型的开发上的。福特公司高层管理者完全把公司的成败赌在金牛座项目上，从公司现有车辆来讲，这款车代表着汽车设计上的一个重要突破。福特公司为这个赌注花费了大量资金，项目团队组织在项目的成功上扮演着重要的角色。

正如沃森描述的那样，这个项目的完成需要公司每一个职能群体的参与。它们的参与是通过高级项目经理卢·维罗尔蒂（Lew Veraldi）领导的一个横向职能团队来实现的。据沃森讲，维罗尔蒂在挑选团队成员上有很大的自主决策权，为了选到合适的人员，他把设计和生产这款车的模型时需要技术和市场专家的所有地方都用图表示了出来。团队成员关系可通过两个层次表示：内环为关键人物，不超过 10 人；而在更大环上的人员超过 400 人。这个项目需要许多人来完成，但只需要他们中的少数人投入百分之百的时间，以团队形式设计金牛座车型。然而团队的每一个成员都带来了自己所拥有的专门技能和他或她所在职能部门的资源。[2]

以上所描述的是利用图示来确定完成任务所需的人员和资源。在这些人之间，有一个小而有影响力的核心群体。群体中的人员组建成一个针对更大项目团队的执行委员会。这个核心群体可以对组织施加影响并有权配置资源，它代表着项目团队里成百名员工和他们的工作。这个执行委员会的规模使得它能制定决策，它也有权执行决策。（你也应该注意到：在这个例子中，对领导者和核心团队成员的定义要符合“要人”的一般定义。史蒂文·卫来特（Steven Wheelwright）和金·克拉克（Kim Clark）开发了“要人”这个术语。它被定义为既有高技术技能又有组织权力的个体。

他们给每个项目都既带来了优势又带来了弱点。)[3]

你的项目不可能和金牛座项目一样大和一样复杂。然而组织人力应该遵循相似的方法，确定和获取所有完成这项工作所需的专门技能、资源和所需的人员。关于评估所需的技能和资源的细节将在以后的章节里介绍。

规 划 项 目

规划是项目管理过程的第二个阶段，它是行动的一个必要的序曲。项目规划一般是先制定目标，然后行动。有效的问题是："考虑到我们的目标，我们必须完成什么任务?"更准确地说就是规划者必须决定以什么顺序和在什么时间框架内，必须完成这些任务。例如，如果目标是在五年内把一只猫送上月球并且安全地把它带回家，可以利用图1－2所展示的形式完成一个粗略的规划或者一个可行性分析。在此规划者已经描述了目标并且把它分解成一系列主要任务。更为重要的是为了整个目标按时完成，她创建了时间框架，在这个时间框架内每一个任务必须完成。

在项目规划阶段，每一个任务和子任务的完成都需要安排一个合理的时间。当把它们写入一个主要规划里时(有些任务是按着次序进行，有些是平行进行的)，项目经理可以确定 ⑴是否一些人员是超负荷工作的，而有些人没有被要求做足够的工作，⑵项目所需的衔接时间。如果那个时间比章程规定的时间长，必须在项目范围内进行调整，使之符合规划和（或）章程所规定的资源。

项目经理和恰当的团队成员必须分析任务，以便决定是否所有任务都是必须的以及是否一些任务可以被重新设计，以便能更快和以更低的成本完成任务。

表 1—2　美国猫进入太空计划

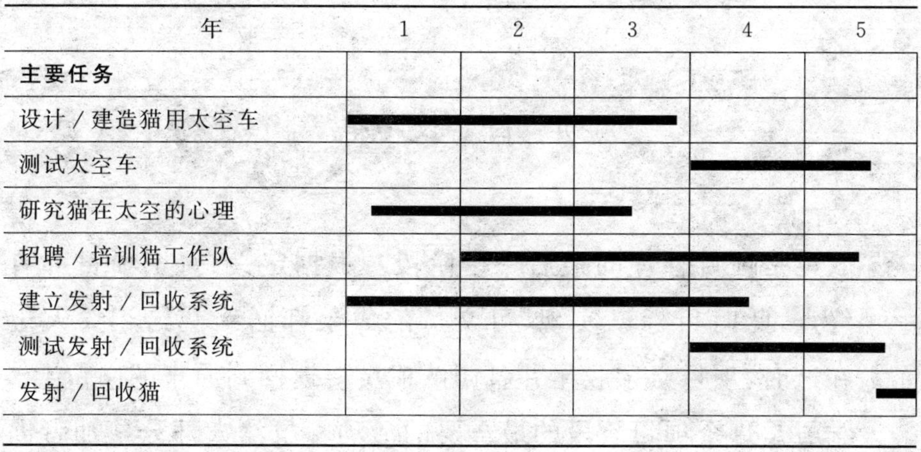

管理项目的执行

一旦一个项目已建立起来并开始运行，就必须管理它。一个没有管理的项目很可能失败：群体行动出现不协调、浪费时间和资金、项目的工作重心偏离了方向以及生产出的可交付成果不能满足发起人和相关人士的要求。

项目执行离不开所有良好的传统管理技能：持续激励成员和

集中目标、在上下层人员之间进行协调、作决策、配置稀缺资源并使之得到最有效的利用，以及为了处理出现的问题还需重新分配资源等等。项目经理必须监督和控制，确保项目进展符合规划、预算和质量。正如我们将在本书后续章节里看到的那样：他或她必须特别注意随着团队工作的进行而产生的各种问题，如人际冲突、合作以及沟通等问题。

项 目 收 尾

收尾是项目管理的最后一个阶段。根据定义，每个项目都有一个终点，此时目标已实现，可交付的成果都已移交给相关人士了。在这时，项目必须收尾并且团队成员要返回到原来的岗位上。

学习是这个项目阶段的最重要的活动。虽然大部分参加者渴望回到他们原来固定的工作岗位上，但他们应该花时间仔细总结他们的经验。什么事情做得好？什么做得不好？什么方面可以改进？利用事后总结的经验，假设重新来过应该如何规划和执行这个项目？把经仔细思考得到的教训记录下来并且运用到未来的项目里，这样做将为下一个项目提供强有力的基础。

以上描述的四个阶段是经过时间的验证并且非常适合大部分项目的。每一个阶段的细节将在随后的章节里展开。正如我们会在后续的章节里所看到的那样，实际上线性的方法不太适合高度不确定的项目。

小　　结

● 项目有四个基本阶段:界定和组织,规划,管理执行和收尾。

● 尽管看起来应以线性的方式,逐一处理四个阶段,但实际的项目工作很少这样整齐完美。

● 在第一阶段的任务包括清楚界定项目目标并组织合适的人员和这些人所带来的资源。

● 组织人力之后推动项目工作的是发起和授权项目的高级管理者,或是被任命的项目经理。

● 第二个项目阶段是规划,一般是先制定目标,然后开始工作。确定必须完成的每一项任务,估计完成任务所需的时间,并且按着正确的顺序制定完成任务的时间表。

● 管理执行阶段需要所有有效的传统管理,也需要细致的监督和控制。总体来讲,要确保遵循规划、预算和质量标准。

● 项目的独特特征之一是,它的生命周期是有限的。当目标实现和可交付的成果移交给相关人士时,项目就结束了。但必须在处理好琐碎事项及总结经验教训后,项目才能收尾。

项目管理

2 角色的分配

2 角色的分配

在项目管理中的角色

本章涵盖的关键话题

- 弄清以下角色的作用：项目发起人，项目经理，项目团队领导者和团队成员
- 选择领导者
- 挑选团队成员
- 有效团队的六个特征

项目工作的成功必定受到参与人的影响。一个健全的组织结构的确很重要，但良好的管理也同样重要。如果没有选对合适的人或者这些人不清楚他们的角色，项目也不会产生令人满意的结果。本章将阐明主要项目参与人以及他们的角色和责任，此外本章还说明什么是有效的项目经理、项目团队的特征以及如何选择团队成员。

项目发起人

无论是由一个经理还是由一群职员组织的项目，都

必须有一个发起人。发起人授权项目。他或她可能是一个经理，或者是与结果有切实利益关系并对项目的绩效负有责任的高级行政管理人员。发起人也有权界定工作范围，给工作提供必要的资源，以及认可或拒绝最终产出。换句话说，发起人应是有实权的，他能：

- 在最高层次上维护这个项目
- 清除组织的障碍
- 提供成功所需的资源
- 有效地和首席执行官及主要相关人士进行沟通。

理查德·利弗（Richard Leifer）和他的同事，在他们的《激进的革新》（*Radical Innovation*）一书中，对他们所研究的十个案例进行了重要评述。这些评述与我们所要谈论的内容密切相关。他们发现在每个案例里，一个有较高地位的发起人或赞助人有助于提供重要的服务。[1] 这些发起人通过给项目提供资金——有时通过正式渠道，有时是在私下，使项目保持活力。他们可以扭转企图终止项目革新的行为，并且可以让更高的管理层了解项目目标的价值。没有这些赞助人的保护和支持，所有的项目会由于资金短缺和目标不清晰而中止或久拖未果。

发起人必须保护他们的项目免遭高层敌对者的破坏，这些敌对者认为这些项目目标会对他们个人的势力范围造成威胁。例如当一个项目正在开发一种产品或技术时，若取得成功，这些产品将极大抑制目前产品的销售，甚至使他们成为滞销货，此时发起人的支持确实至关重要。在这些例子里，代表着目前产品行业的有实权的行政官员可能对项目目标怀有敌意，他们可能利用权力收回资金或者中断团队的工作。对此明智的做法是回想马基雅维利(Machiavelli)在《君主论》(*The Prince*)一书中给出的警告："没有什么是比执行任务更难的事了，没有什么是比是否能成功更难预料的了，着手建立事物的新秩序远没有打破这些事物的旧秩序更具危险性。对于改革者来说，他的敌人就是从旧秩序中获利的那些人。"

你们的项目发起人有影响力吗？如果有，他能真正发挥维护者的作用即提供资源和抵制内部的敌人吗？这位发起人是否有足够的智慧区分毫无根据的否定论和对确实存在的问题的批评吗？

如果你是一个高级管理者，应给予你推荐的项目发起人以更多的考虑。他们真能对项目的成功负责吗？他们是充当维护者的角色，还是仅仅维持项目的运转？你有没有采取一些措施使得团队的成功或失败影响他们的个人的利益如奖金等？其中最后一点需要特别注意。发起人应该与项目有直接利害关系。如果项目失败，他们却没有任何损失，甚至还会获得某些利益，这时就要对他们的作用打个问号了。

项目发起人需做的事

- 确保与组织其他人员,尤其是领导者,就项目的进展进行沟通。
- 确保高层管理者支持项目团队的决策和方向。
- 提防那些可能影响项目目标的公司目标发生任何变化。项目目标必须与公司目标保持一致。
- 切记有些经理不愿下属把完成项目任务和日常工作的时间分开。与这些经理们一起工作以消除这种困难。

项 目 经 理

每个项目都有一个专一的经理。项目经理独立负责计划和规划项目任务以及项目执行的日常管理。他或她对项目的成功负有重大的责任。项目经理接受发起人授权,并且在项目生命周期的每一个阶段,从设计和组织到项目收尾和评估,以及在每件事情之间,扮演着主角。

在许多方面,项目经理的任务类似于其他职位的经理,他们都是通过对人和其他资源的管理来负责实现最终的目标。而且很像传统的经理,项目经理也必须:

- 招募有效的参与者;
- 提供一个项目活动的框架;
- 保持理念清晰;

- 协调活动；
- 与高层领导者进行协商，尤其是与发起人进行协商；
- 调解冲突；
- 弄清所需资源；
- 设置里程碑；
- 管理预算；
- 确保每一个人作出贡献及获得利益；
- 保证工作正常进行；
- 确保按时并按预算交付项目目标。

这听起来难道不像是一个传统经理的角色吗？事实上对于大项目来讲也很类似。一般情况下，他或她就像传统的老板。项目经理充当着决策者、分配者、激励者以及其他工作的规划者。另一方面，项目经理也许没有得到正式授权来管理参加项目的人员。例如，一个 IT(Information Technology)领域发起的项目，项目经理可能就是 IT 经理，但是项目成员也许是从市场部、财务部和其他部门抽出来的。项目经理对这些个体没有指挥权或传统意义上的权力，如增加工资和晋升职位，所以项目经理必须依靠他或她的领导素质来影响成员的行为和绩效。

项目团队领导者

许多大项目的组成还包括一位项目团队领导者，他直接向项目经理汇报工作，如图 2—1 所示。而在小项目里，项目经理同时扮演这两种角色。

图 2—1　发起人、项目经理、项目团队领导和成员

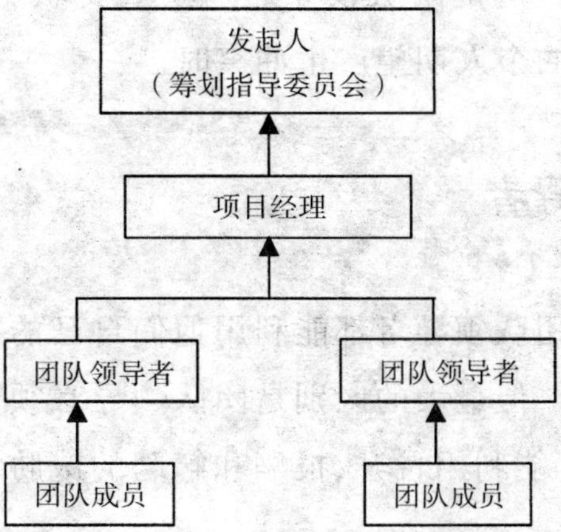

团队领导者不同于传统意义上的老板，但他仍可以从团队工作中获得利益。团队领导必须扮演五个重要角色：发动者、模范、协商者、倾听者和督导。他们也必须像团队成员一样努力工作。

作为发起者的领导者

团队领导者必须发起行动。尽管有效的领导者不必告诉人们他们必须做什么，但他或她必须注意所采取的行动是否与团队目标一致。一个优秀的团队领导者能对他发起的行动进行很好的定位，这是因为他或她通常站在一个与团队日常工作保持一段距离的位置，一个居于工作和所要实现的目标之间的位置，这使得他或她更容易看清这个目标。当团队成员全力以赴投入工作和解决问题时，团队领导者正密切关注发起人、项目经理和外部相关人士的期望。通过证据和合理的论据，他鼓励团队成员采取与那些更大期望一致的行动。这是团队领导的一项重要职能，特别是当那些期望与团队成员的个人期望产生冲突时。

作为模范的领导者

传统经理和团队领导者都能利用他们自己的行为来塑造其他人的行为和绩效。但最大的区别是团队领导必须更多地依靠这个策略，因为他们不能利用晋升、报酬和解聘的威胁等方式来影响团队成员。

事实上，团队领导的模范行为是一个强有力的工具。它建立一个每个人必须遵守的标准，目的是为了避免无效和无聊。领导者可以在许多不同方面塑造团队成员的行为。例如如果团队成员需要走出办公室去和客户进行密切的交往，一个有效的领导者就要阻止他这样做，转而指示他或她通过定期去拜访客户、创建客户中心群体等等方式与客户进行接触。这些方式能鼓励团队成员积极参与。总之，领导者应树立模范行为，这种行为能对团队的绩效产生直接的影响。

作为协商者的领导者

团队领导者告诉比尔(Bill)的经理："我希望比尔参加我们的程序改进团队。"这位经理开始皱眉：比尔是她的最能干的下属之一。团队领导者继续说："作为团队成员，他每周需投入大约四小时来参加团队会议和完成团队的任务。"

经理们特别不欢迎这样的请求。团队有目标，经理们也有目标，何况经理们还被要求提供有技能的员工和其他资源。答应一个团队领导者的要求会使他们的工作更难做。有效的团队领导者应该认识到这些困难，并且能通过协商得到他们所需要的资源。主管经理发起人可通过清楚地阐述项目目标对公司的重要性和他期望与经理们的合作来解决这些问题。

与资源提供者进行协商的最好方式是构建一个积极的情境，即双方都受益。当双方都看到有受益的机遇时，双方互惠互利的协商状态就产生了。如果你是一个项目领导者，若遵照以下做法，就会获得更好的机会去实现双方都受益的协商：

- 强调组织的更高目标是什么以及成功的团队行动将给这些目标带来什么益处。这样做可以加强一个论点(我将在本书的以后章节里解释它)——项目目标必须是很重要的，并要和组织目标一致。

- 强调通过协助这个项目，其他团队将会有什么收益。例如可指出项目的成功会如何促进另一方的成功等。

要想成为一个成功的协商者，团队领导必须显示出自己是可靠的、值得信任的，而且互惠是实实在在的。

作为倾听者的领导者

一个好的领导者花在倾听上的时间和讲话的时间同样多。倾听是一个从环境中收集信号的感知活动，信号是指即将临头的麻烦、员工的不满和获利的机会等。把有不同经验和技能的人员召集在一起的主要好处是不同的成员具有不同的知识和洞察力。当一个领导能倾听并分享团队成员所了解和意识到的事情时，团队成员将受到巨大的鼓舞。感知必定会产生一个反应。认真倾听的领导者一般都是听取了许多人的认识和经验后才采取行动。

作为督导的领导者

一个好的团队领导设法使团队成员变得更优秀。在多数情况下，督导可以实现这一目的。督导(coaching)是一个双向活动，在活动中各方分享知识和经验，这有助于最大程度地激发团队成员的潜能并帮助他或她实现已定的目标。督导是一种共同努力，能使被督导的人积极主动地参与。好的团队领导者可以在每天的业务中发现督导的机会。他们的督导有助于成员们的日常活动：做更好的陈述、规划他们的工作、处理团队内的冲突、获得外部资源、建立一个预算、开发技能，甚至可以使他们在团队的环境下有效地工作。

团队里存在大量的督导机会，因为团队成员缺乏许多最终他们需要的技能，随着项目工作的展开，他们又必须掌握这些技能。例如，某个工程师是凭借她的技术能力而被招募进来的，但她突然必须准备和提交一份事务性的进展报告给高级管理者。因此她必须尽快提高演讲技能，此时团队领导的督导就能帮助她。

作为工作成员的领导者

一个项目领导者也必须努力投入并且承担一份工作，特别是在他或她有专长能力的领域里。从理论上来讲，这份工作会包括一两件令人讨厌和令人乏味的事情，因此没人想做这些事情。领导者努力投入具体的工作会给人一种他也是团队的一员，而不是传统老板的感觉。

能做以上大部分或所有事情的人的特征是什么？首先，一个团队领导者应该具有我们熟悉的领导技能：设立一个其他人愿意跟随的方向的能力、良好的沟通技巧、给予和接受反馈的能力以及诚实和高水平的绩效。除此以外，一个项目团队领导者应该具有一个积极面对团队工作的态度以及较多的经验。你最不能选用的是一个坚持像传统老板那样行事的人。

团队领导者也应该获得团队成员的信任。这就意味着他必须具有相应的技能和经验以及有效处理其他事情的声望。缺乏信任可能导致可笑的和不正常的情境。

选择领导

如果项目持续时间非常短；或者由于团队工作急需（如在危机时刻）；或者由于组织的原因（如组织想给一位有能力的年轻职员一个学习和实践领导技能的机会）需要某个人成为团队的领导；这些情况下项目经理可能任命一个团队领导者。而在其他情况下，团队也可以选出自己的领导，或者按着一定的规则，对领导职位和他们的职责实行轮换制。

一个领导还是几个领导？

我们通常只考虑选取一位正式的领导。把领导权授予一个人可以确保只能发出一种权威的声音。如果一个团队里有两位意见不一致的领导，那么团队工作将如何进行？人们应该听从谁的命令？然而，很多团队的经验表明：只要领导们能对目标和方法达成一致，就没必要把领导权授予一个人，唯一必要的是领导们对项目的目标和重要性要达成一致意见。

事实上，一个召集了许多具有两种或更多种技术专长的人的项目，会得益于多人领导，特别是当这些领导者需向一个单一的项目经理汇报时。例如，一个以建立一个新的电子商务网站为目标的团队有一个项目经理和四个不同领域的领导者：技术领导者，用户界面领导者，网站策略领导者以及一个内容领导者，他们之间的关系很像图 2—1 所展示的那样。每一个领导者向项目经理汇报工作，每一个领导者负责项目工作的一个独特方面。在这些领导者所负责的领域内，他们有权作出决策和配置资源。只有当他门的决策影响到其他团队、项目计划、预算以及规划时，他们才需要得到项目经理或其他高层领导的同意。

团队领导者需做的事

- 定期与项目经理就项目进展和存在的问题进行沟通。
- 定时地评估团队进展、成员观点以及每个成员如何看待他或她的贡献。
- 确保每一个人都在为团队作贡献，确保你能听见每一个人的声音。
- 承担一份工作。
- 抑制自己想仿照老板的行为的欲望。

项目团队成员

任何一个项目的心脏，即工作的真正发动机，是项目的全体成员。诚然，一个好的发起人能清除项目进行中的一切障碍并能获取资源；一个好的项目领导者能激励绩效和保持工作不偏离目标。但是大部分工作是由项目团队成员完成的。因而，招募具有相应技术的合适人员是极其重要的。

选择有能力的团队成员也许是团队规划中最棘手的部分。一个团队可以利用以下一种或更多种的方式来选择团队成员：

- 委派。发起人选择恰当的人员并邀请他们参加项目。
- 自愿。将愿意为这项工作投入精力并对这项工作最感兴趣的人列为潜在的成员。
- 推荐。与项目有利益关系的人可推荐有适宜技术并且信得过的人作为团队成员。

在这些选择方法中，不能说一种方法一定比其他方法更好或更坏。利用每一种方法都有可能筛选到合适的成员。但是每一种方法又都有可能把一个不合适的人选入团队里，特别是在一个政治性很强的组织里。参考以下这些例子：

- 发起人已经选出了大部分新的网站设计团队成员。发起人的得力助手休（Hugh）也是团队成员之一。休搞不清超链接和服务器的区别，并且也没有什么可以为团队作贡献的特殊技能。他进入团队的唯一目的就是向发起人汇报，因为发起人不相信某几个团队成员。对于团队来说，休是个多余的人。其他队员很快就发现他是个告密者并且做出了一些消极的回应。
- 安（Ann）自愿参加一个重新设计公司订单程序的项目。她对项目目标毫无兴趣，但是她认为作为成员之一，她就有直接接触凯瑟琳（Katherine）的机会，凯瑟琳是项目经理并且在公司内极有前途。安对她的主要晋升竞争对手也已经进入了团队表示担心。她说："如果他在那个团队，我最好也在。"很明显安对团队所作的承诺不是为了团队的目标而是为了自己的利益，因而她对项目是否有价值是令人质疑的。

- 哈里(Harry)也已经自愿参加了同样的设计项目。他从自己利益的角度来对待订单程序这一项目。他认为如果这个团队全面改进了那个程序,他的组织将受到损失。他的动机是自我保护,他的承诺不是为了团队的目标而是为了维持现状。他绝对不能参加这个团队。

- 拉尔夫(Ralph)推荐了他的直接下属缪里尔(Muriel)到网站设计团队。拉尔夫自言自语道:"这对于她将是一个很好的学习机会。"是的,缪里尔的参加也许对她的职业发展是一件非常好的事,但这对团队也是件好事吗?她能对团队作出什么贡献?

在你的组织里,你见过像这样的例子吗?如果有,请当心。在每一个例子里,每个人被推荐作为项目团队成员的原因都与帮助项目实现已定的目标毫无关系。应该避免这种选择成员的方法。然而,一种情况可允许缪里尔进入团队,就是如果她能很快学习并且努力工作。但是项目目标的实现应该优先于个体成员的发展。

项目团队成员的资格标准

既然团队里的成员是否合适是如此重要,一个团队领导应该寻求什么标准呢?

技能评估。由完成任务所需的技能决定团队成员的选择才是完美的做法。技能评估可分两步进行:第一步客观地评估完成这项任务所需的实际技能是什么。例如,审视所有需要完成的工作,领导者决定团队需包括具有以下技能的成员:市场调查、电子工程、生产制造和采购。他们代表了实现项目目标所需的所有技能和资源。

技能评估的第二步是确定组织内的人员中，谁有合适的技能。合适技能可分为技术技能、解决问题技能、人际关系技能和组织技能。

- **技术技能** 指的是在市场调查、金融、软件编程等领域里具有特殊的专业技术。技术技能通常是专业培训的产物。

- **解决问题技能** 是一个人能分析困境或僵局并且能想出解决办法的能力。工程师们通过培训可成为问题的解决者。有创造力的人们有善于动脑子的习惯，这样有助于他们找到在一般情况下，其他人不能发现的解决问题的方法。如果你是一个领导者，你就需要你的团队里有能解决问题的员工，否则员工们会频繁地来找你解决问题，而这不是明智团队的做法。

- **人际关系技能** 指和其他人一起有效工作的能力。这是团队工作的一个非常重要的特征，不要忽视它。实际上，人际关系技能表现为人与人之间建立融洽关系的能力。我们来看这样一个问题：一些人与特殊人员相处得很好，但与其他人却不行。例如一个行为规范、不能容忍开玩笑和集会的刻板的人很难与爱开玩笑的编程人员在一起融洽地工作，这些编程人员划着溜冰板来上班，而且结束工作后，还要一起饱餐一顿比萨饼和啤酒。商人们通常认为只要员工有同样的技能就可以任意调换他们的工作。不要犯那样的错误。

- **组织技能** 包括与其他单位的沟通能力、对公司政治前景的预测能力以及拥有网络的能力。具有这些技能的人可以帮助团队处理好事情,避免团队组织和他们的成员发生冲突。

当项目团队形成时,必定特别关注技术技能。很明显我们过分关注具体的技术能力而忽视了其他技能。正如杰弗里·波尔策(Jeffrey Polzer)写到的:“我们能意识到这些就是一个明智的开始:例如没有编程人员的一个软件开发团队就不能很好地开展工作,因为只有编程人员才懂得在项目开发上所用的特殊编码语言;如果没有独特的天才音乐家,一个管弦乐队不可能成功。”[2] 不幸的是,对于技术技能的关注经常掩盖对人际关系和组织技能的关注。从长远看,它们可能和技术技能一样重要。例如,一个才华横溢的编程人员如果对他的工作保密,或者不愿与其他人合作,甚至对其他成员怀有敌意,他就有可能妨碍团队的进展。相反,一个技术技能一般,但具有极好的组织头脑的人也有可能成为团队里最有价值的成员,这是因为他具有收集资源和获取各业务部门的支持等能力。

波尔策告诫我们:那些不善于与他人合作的天才还是有许多机会作出贡献的。这些人的交际弱点可以通过督导或者其他方法进行改进。这个建议能鼓励经理们对无论是有积极特性还是消极特性的潜在成员怀有希望。完全具备这四种技能(技术、解决问题、人际关系和组织)的人是很少的,因此选择成员的目标之一是必须尽可能利用有才能的人,同时采取措施消除他们的弱点。

大部分专家就团队的创建问题告诫道:你很难在团队里得到你所需要的所有技能,总是缺少某些事情。并且在大多数情况下,想预测到所有所需的技能也是不可能的。正如研究员乔恩·卡岑巴赫(Jon Katzenbach)和道格拉斯·史密斯(Douglas Smith)所说:"团队的成功离不开实现它的目的和绩效目标所需的技能,尽管大部分团队都是形成后才考虑它们所需的技能。"[3] 因此,明智的团队领导者寻找既具有有价值的技能又有潜力学习所需的新技能的人员。

增加和裁减成员。一段时间后,要作好增加新成员以及有可能对有些人致谢并说再见的准备。随着工作的变化和团队向目标的推进,有可能需要新的技能和成员。参考一个程序再设计团队的例子,这个团队负责重新设计一个公司的全部客户服务功能。开始时团队是由 5 位成员组成的小的核心群体。6 个月后,它又吸收了 5 位新成员,他们中的每一位代表公司产品群中的一种。一旦这个团队完成了为客户服务再设计计划,它将进入一个执行阶段。这时,还需要招募更多的成员,这些成员在执行阶段扮演着主角。

关于增加和裁减成员的告诫:随着时间的推移,成员们适应了团队里的人员和工作形式。他们开发了有效的决策和沟通的模式,这是逐渐形成的。他们视团队成员为一个整体。当有太多的人员加入或退出团队时,这种凝聚力就会被打破。在新成员花时间适应工作期间,他们不能全力以赴地进行工作。而留在团队的成员必须花很多有价值的时间去适应新的成员,并找到与他们一起工作的方法;同时他们还必须花更多的时间找出办法来填充离开的团队成员的空缺。所以,应尽可能减少人员流动。

多少成员算多?

一个项目团队的最佳规模是由项目的目标和任务决定的。因此，关于团队需要多少人员的最好建议是：正好有足够的人员来做这项工作并且不能再多。人员过少将会延误工作，并且可能意味着你没有你所需的所有技能。人员太多也会延误工作，因为你必须花宝贵的时间和精力来协调人员和进行沟通。另外还有承担义务的问题。随着更多人员的进入，个体对团队和团队的目标所承担的义务趋向于递减。所以招募人员的数目应以能正好完成这项工作为最好，不能再多了。作者乔恩·卡岑巴赫和道格拉斯·史密斯给出的提示有助于你判断你的团队人数是否太少：[a]

- 能经常并且容易地召集团队人员。
- 成员能经常并且容易地进行沟通。
- 不需要增加人员就可以完成这个工作。

[a] Jon R. Katzenbach and Douglas K. Smith, *The Wisdom of Teams* (Boston: Harvard Business School Press, 1993), 62.

团队成员需做的事

- 按时完成所有规定的任务。
- 对不满的事情进行沟通并且关心领导和其他成员。
- 支持领导者和其他成员。
- 当别人请求帮助时就帮助他们，当你需要帮助时就请求帮助。

招募。一旦已确定了一名团队成员候选人，团队就应该讨论他或她的潜在贡献并且与发起人商谈，同时也应与候选人的直接上司进行商谈，因为团队也将占用候选人原本花在他的常规工作上的时间。假定各方都同意，这个候选人就可以加入团队了。

注意：在这本书后面的附录里有工作表，它能帮助你组建团队。

项目筹划指导委员会

有些项目还受来自另外一个层面的监督和授权，我们在谁是谁（Who is who）的表中没有提到这一层面，它叫做项目筹划指导委员会。如图 2－1 所示，这个委员会所占的位置就是发起人的位置。事实上，发起人和其他所有主要相关人士都是项目筹划指导委员会里的成员。以下就是这个委员会需要做的事：

- 批准项目章程。
- 获取资源。
- 裁定改变项目主要要素的所有请求：包括交付、规划和预算。

项目筹划指导委员会在这些事务上有最终权力。当一个项目里有许多不同的合作公司、业务部门以及持有较多股份的人时，成立一个筹划指导委员会是一个好主意。它代表这些不同方面的利益，因此它所处的位置使它能更有效地解决复杂的公司间或部门内的项目问题。同样，当有可能出现许多有关交付、规划和预算的变化请求时，筹划指导委员的存在也是很有价值的。

设立筹划指导委员会的不利一面是：项目又受到了另一层的监督，并且参加它的会议会占用公司一些最重要的员工的时间。所以如果不需要筹划指导委员会，你就不要成立它。

有效项目团队的特征

除了人们赋予项目的这些特殊技能外，还需要什么吗？基于团队工作的文献可以提供一些见解。[4] 文献指出了成功的团队和项目应具备的一些特征：

- 能力
- 一个清晰的共同目标
- 对共同目标承担义务
- 建立一个每一个人都作出贡献和每一个人都能获益的环境
- 一个支持的结构
- 项目目标与组织目标一致

下面我们详细阐述每一个特征。

能力

要想获得成功，这个团队应具有完成这项工作所必需的所有才能、知识、组织权力、经验和技术知识。任何能力上的不足或缺失都会危及团队目标。在这些情形下，团队必须弥补自身的不足或招募具备他们所缺失的技能的人才，随着团队工作的向前推进，成功的团队会弥补这些不足或缺失。

你需要的是一些能把主要能力变成成果的成员。事实上，这个建议可能要考虑到公司政治的现状。例如如果苏珊（Susan）所处的位置使她能阻止团队的进展，她的友好就会是非常重要的。为了得到她对项目目标的支持，可以使她成为团队成员，这样也就消除了她对团队的威胁。

一个清晰的共同目标

你参与过一个没有清晰目标的团队或项目群体吗？如果有，你也许就会明白这些群体为什么很难取得成功了。当团队成员不能清楚地说出一个清晰的共同目标时，这个团队几乎不可能成功。而当作为发起者和章程制定者的高级管理人员对他们所要做的事情也不清楚或不肯定时，情况就更糟。

一个检验清晰的共同目标的方法是利用“电梯演讲”测试法。把项目的每位参加者叫到一边并且问以下问题：假如你和我们首席执行官（CEO）一起乘坐电梯从一层到二层时，他们问你们的团队正在干什么，你如何回答？参加项目的每一位员工都应该能清晰而简洁地向CEO或任何有智慧的门外汉解释项目目标。以下两种回答符合电梯演讲测试的要求：

- “关于重新设计我们的网站，我们有三个目标：使它能容纳每种不同产品；升级网站和提高网络运行速度以及减少运行成本；增加客户经验。”
- “我们在重新设计整个客户服务程序。如果成功，95%的客户来电将由一位服务代表处理，80%的客户来电将在 3 分钟或低于 3 分钟的时间内得到解决。”

你们团队里是每个人都能用这么简洁而清晰的语言把项目目标阐述清楚吗？每个人对项目目标的描述相同吗？如果你对每一个问题的回答都是否定的，你们团队一定有问题。项目目标一般是由高层管理者确定的，他们发现问题和机遇，并且想办法去处理它们，这一点我会在本书的后续章节里阐述。完美的做法是管理者确定目标，团队成员确定具体的工作方法。每位团队成员都必须理解这个目标，否则他们将朝不同的方向前进，浪费资源和精力，冲突和争吵也一定在所难免。

一旦他们都理解了目标，项目团队人员还应与管理者共同协商，根据绩效衡量标准，对目标作出更加具体的说明。以客户服务系统再设计项目为例，团队目标是：“一个服务代表可以处理 95%的客户来电，80%的客户来电将在 3 分种或低于 3 分种内得到解决。”像这样的衡量标准不仅能更加全面地说明目标，而且它们也为判断项目目标是否得到实现提供了一个方法。例如，这个团队还可以建立如下的中期阶段目标：

- 在 6 个月内，一个服务代表应处理 50%的客户来电。
- 在 9 个月内，一个服务代表处理 75%的客户来电。
- 在 12 个月内，一个服务代表处理 95%的客户来电。

一个团队如果没有绩效衡量标准，就不能确定这个团队是否取得成功。

对共同目标的承诺

对目标有一致的理解是极为重要的，但是真正有效的团队向前多走了一步。它们的成员应对这个目标作出承诺。理解和承诺之间有很大区别。理解可以确保人们知道他们应工作的方向；而承诺是一个内心深处的品质，它激励他们去工作并且当项目进展遭遇困难时也能继续工作。

团队成员必须认为团队目标非常重要并且值得为它尽力工作。如果成员缺乏坚定的信念，一些人就不能做到让他们的个人目标服从团队目标，他们也不会认同团队和团队目标。

承诺也代表拥有一个目标和共同的责任。参考以下例子：

从公司不同职能部门招集了许多员工来解决一个关键问题：他们公司的客户正流向竞争对手一方，因为对手能以更低的价格提供同样的服务。低价的产生是由于竞争对手提高了提供服务的效率所致。解决这个问题的唯一办法是找到一种可为客户提供更大价值服务的方法：更低的价格、可评价的更好的服务，或这两者兼而有之。

由于项目团队的每个人都明白目标的重要性，他们以及他们同事未来的经济收入都取决于他们的成功；同时由于管理者没有告诉团队成员应该如何实现目标，因此他们对个人成就和项目目标就有一种主人翁式的感觉，即每个人都为未来的结果承担责任。

这就是承诺。不要把共同承诺与社会的协调性混为一谈。人们相处得融洽远不如人们自愿在一起工作并共同完成某些事重要。有一个大家都认为重要的目标可以克服社会的不协调性。

你可以从团队成员使用的词汇里确定是否有共同承诺。当人们使用“*我们*（主格）”、“*我们*（宾格）”和“*我们的*”代替“*我*”和“*他们*，”团队承诺就开始了。以下阐述的就是真正的团队工作：

- “我们正在取得很好的进展，但我们每一位必须加快步伐。”
- “根据我们的规划，我们现在进行到哪儿了？”
- “我们的计划仍处在形成阶段。”
- “给我们三个月时间并让我们进入客户数据库，那么我们将拟定一个可使用的计划。”

如果团队成员少，承诺的共同目标更容易实现。这是一个凭直觉得到的结论。军方一直认为：小群体内的凝聚力在个人对团队和团队目标作出承诺上是非常重要的。士兵们不断抱怨说“该死的军队”，但为了小团体和团体成员的利益，他们却能经常冒着生命危险和残疾的风险。正因如此，团队里的专家们建议尽可能使团队规模小，如果所有的技能都已具备的话，成员越少越好。

通过奖励也可以加强承诺。如果人们知道晋升、奖金或增加工资与实现团队目标挂钩，他们的承诺就会升级。但如果他们知道老板将得到声望及大量货币奖金，他们的承诺将会消失。

人人贡献，人人获益

你参加过划船队吗？如果有，你就会明白每一位团队成员必须用同样的力量推他或她的桨，并且每一个人都必须保持同步。懒鬼和不能保持同步的人是没有机会参加这个团队的。项目团队与此很类似。绩效取决于每一个人的贡献——为实现目标所作的贡献。如果有些成员仅仅是参加会议并提出他们的看法而不参加具体工作，这就会损害绩效并削弱团队成员的积极性。如果团队成员想得到任何利益，就必须通过实际工作获得。换句话说，那些不履行自己的职责却想获利的成员，也就是所谓的搭便车的人，是不能被容忍的。

不是每个人都必须对团队的活动投入同样的时间或作出同样的贡献。实际情况是，每一个人对项目的贡献都是不一样的。例如，一位高级经理可能是一名固定的团队成员，尽管他还要花很多精力处理其他事物，但他可以通过获取资源来支持这个项目，或者在组织内为团队建立支持平台。虽然有些人不把这种贡献视为真正的工作，但它对团队的工作是非常重要的。

还有一个实际情况就是不同人的技能水平必定不同，因此有些人比其他人更有能力，可为团队创造更多的价值。特别是在信息技术领域，人们的技术水平可能完全不同，因此不要对搭便车的问题草木皆兵，把技能略低的员工误认为是搭便车的人。

团队领导必须做实际工作。如果像传统老板一样，把所有的工作都委托其他人来做，他或她不可能是一个团队成员。因此，团队领导的概念包含了一些模糊因素，团队领导有时戴领导帽，而其他时间要戴团队成员的帽子。

正如每位成员必须为团队作贡献一样，每位成员也应该获得明确的利益。利益可以采取多种形式:对做了有趣而有意义的工作的人给予心理上的奖励;提供一个对将来工作极有帮助的学习机会,或者更丰厚的薪水。没有明确的利益,成员就不会全力以赴地作出贡献,至少时间不会太长,因为从日常工作中获得的利益更能吸引他们的注意力,这样他们只会把团队工作放在第二位。

一个支持的环境

任何项目团队都不是在真空下运作的。项目团队是嵌在运作单位和职能部门的大环境内的一个小组织。它在某种程度上依赖于组织的关系获得资源、信息和帮助。运作单位和部门对项目和目标的支持、漠不关心和敌意的程度都会影响到项目团队的成果。特别是团队创建者应该考虑以下这些环境因素:

- **领导支持**。最高层的支持是非常重要的。它可以确保资源的来源,也有助于招募合适的人员。领导的支持也可以避免有权力的经理和部门出于某种原因想破坏团队成果的做法。获得和保持领导支持的一个方法是创建一个像史蒂文·惠尔赖特和金·克拉克所描绘的"重要人物团队",也就是团队应该由具备有效技能和富有组织影响的人来领导。[5]

- **一个无等级的结构**。如果在这个组织内不用遵照严格的等级结构,基于团队的工作是很有可能成功的。为什么?因为一个非等级结构可以产生有益于团队工作的习惯,具体地讲就是愿意分享信息、跨组织边界合作以及对员工进行授权。以上习惯在传统的组织内是很少见的。在传统的组织中,一切事情由老板来考虑和指挥,员工只是听从命令。这样的组织内还不适合组建团队。

- **恰当的奖赏系统**。对于刚刚接触团队工作的公司,有必要在建立团队之前,先审视一下自己的奖赏系统;它们必须找到一个奖赏个体和团体成功的不同标准。这对于团队发起人来说是一个最使人畏缩的挑战。

- **具有基于团队工作的经验**。当他们的公司和一些成员具有大量团队工作经验时,团队会受益。经验可以在团队工作的很多方面提供见解:如决定干什么和不干什么;怎样更好地根据项目目标来建立团队;如何合作;如何在项目生命周期内的不同时间对团队作出相应的改变。许多公司依靠基于团队的工作提供团队工作方法的培训,这是合乎情理的。独立工作多年的员工要从事基于团队的工作,必须先进行培训。明确地讲,他们需要培训的技能有倾听、和不同人进行沟通、和部门以外的人员合作,以及集中精力完成共同任务等。

你们的组织是如何支持团队工作的?你们组织内组建好的团队应利用你们的决策来处理问题和发现机遇。

协调

协调是我们列出的有效项目团队要素中的最后一项。它指的是计划、努力和奖赏应与组织的最高目标协调一致。在一个协调好的组织内,每一个人不但理解企业目标,而且还理解他或她的工作团体的目标;在一个协调好的组织内,人们朝着正确的方向工作,是奖赏系统激励他们努力这样做。

项目团队也需要协调。一个团队如果不能成为帮助组织实现目标的最好形式,它就不应该存在。所以项目团队的目标应该和组织目标一致,而且团队成员的目标可通过团队,与更高的组织目标保持一致。每位成员的努力应通过奖励系统被协调。最后一点非常重要,而且它始于最上面的发起人。由于发起人对团队成功负责,他或她的一部分报酬应该与团队的绩效联系在一起。在发起人之下,团队领导和成员的报酬也应该视团队成果而定。

协调使每一个人朝着同一个方向——正确的方向前进。

小　　结

- 项目发起人授权项目、界定工作范围、提供资源以及认可或拒绝最终的产出。
- 项目经理人从发起人处得到权力,并且在项目生命周期中的每一个阶段都扮演着主要角色。
- 项目团队领导向项目经理汇报工作,并且应承担一个方面或多方面的工作。
- 项目团队成员做大部分的工作。应基于技能和与其他人员有效合作的能力来招募成员。

- 一个团队招募的人员的数目应以正好足够完成这项工作为最好，不应有多余。

- 成功团队具有这些特征：能力、一个清晰而引人注目的目标、对共同目标的承诺、每个人都贡献和每个人都受益的环境、一个支持的氛围以及项目目标与组织的目标一致。

项目管理

3 一个成文章程

3 一个成文章程

你的出发指令

本章涵盖的关键话题

- 项目章程的价值
- 章程应该包括八件事情
- 目标和方法的问题
- 如何仔细检查一个项目

我们已明白有一个清晰目标的重要性,具有一个界定具体的成文目标是非常重要的。但是项目团队要完成工作,还需要有比一个清晰目标更多的东西。它需要清楚项目的范围,需要向相关人士阐述项目的价值,必需建立的时间框架和可以支配的资源。它们共同构成一个授权项目的章程,并界定项目的活动。它们也是本章要阐述的主要问题。

授权行动

给项目制定一个正确的章程是非常重要的。章程应清楚地说明工作的性质和范围,以及管理层对项目结果

的期望。章程是一个简要的书面文件,它应包含以下部分或全部内容:

- 项目发起人的名字
- 项目目标与更高层组织目标的关系
- 项目给组织带来的收益
- 项目预期的时间框架
- 项目交付(目标)的具体描述
- 项目团队可获得的预算、配置以及资源
- 项目经理的授权
- 发起人的签字

没有一个正式的章程,项目的发展就可能与组织目标不一致,并可能超出范围,这个过程称为"任务蠕动"。一个合适的章程能让高层管理者清楚项目应该干什么,这为他们没有具体观点时提供了一个重要参考标准。例如下面的这个案例:

菲尔(Phil)是公司准备重新建立订单管理和客户服务操作系统的发起人。作为这个系统的功能的坦率评论家,他是这个工作的合适人选。他一直对订单管理所花的时间太长和公司不重视客户服务感到不满,同时他认为这个系统运作成本太高。所以他安排利拉(Lila)负责改进这项工作。

菲尔打算削减什么方面的成本?他对这个系统的具体抱怨是什么?成功的系统应是什么样?利拉试图强迫菲尔回答那些问题,但是没有成功。他太忙了以至于不能对这个项目进行全面考虑;他太渴望这项工作得到改进,以至于不能对项目的结果作出具体的描述。公司其他行政人员也期望这项工作得到改善,但像菲尔一样,对自己期望的结果也没有清晰的想法。所以当利拉询问高层经理时,他们没有定出具体的目标。在缺乏清晰指导的情况下,利拉和她的团队成员依照他们的想法,制定了目标和成功的标准。

团队在积极推动项目的进行。经过十个月的时间后,利拉向菲尔报告进展情况。资源总是出问题,特别是利拉根本就不知道她可以支配多少资金?在关键阶段可以召集多少团队成员?每一次申请资源时,她必须把理由一个接一个地向菲尔讲清才行。

这个团队最后完成了任务,并宣称实现了所有既定的目标。新的系统将管理时间削减了1/3;90%的客户通过打一个电话就可以解决他们所有的问题;并且这些操作的总成本也被削减了12%。团队成员举行了一个丰盛的晚餐庆祝任务的完成,然后每位成员就返回了原来各自的岗位。

然而,高层经理对结果不完全满意。菲尔对利拉说:"你干得非常好,你们进行的改进也很有意义,但是我们一直在寻求一个更彻底的重组和在更大程度上降低成本。"利拉大吃一惊并且有些气愤,她想:如果他要的是这个结果,为什么他不早说?

像利拉遇到的事情是常见的,章程可避免此类事情的发生。你的项目有一个成文章程吗?它包括了所有的要素吗?

澄清目标

从利拉的案例可以看出,项目经理需要对他们负责的目标作出更具体的描述。目标含糊不清可能导致误解、失望和昂贵的重复工作成本。看一个粗枝大叶的目标的例子:"创建一个网站,它可为我们的客户提供快速、准确、成本有效的产品信息。"这是一位发起人在章程里阐述的项目目标。但目标的确切意思是什么?"快速"是多快?准确又是如何被定义的?一千次交易中允许出现一次错误还是一万次交易中可以出现一次错误,哪一个能满足发起人的期望?成本有效性要达到何种程度?以上所有问题都应该与发起人和主要相关人士进行协商并给出明确回答。

建立目标的提示

当界定项目目标时,想一想 SMART。换句话说,要确定的目标是:具体的、可测量的、以行动为导向的、实际的和有时限的。

资料来源:Harvard ManageMentor® on Project Management。

一个精心构思的章程要简要阐述目标,但不必细化工作方法。方法的建立应留给项目经理、团队领导者和成员。如果不这样做,而是告诉团队应该做什么和如何去做,就会失去有才能的团队所能创造的任何利益。理查德·哈克曼(Richard Hackman)在他的书《领导团队》(*Leading Team*)里清晰地阐明了这一点。

他写道：方向不清楚或非常抽象，可能会浪费成员的时间，也会让他们在为到底做什么达成一致时发生冲突。另一方面，方向太清晰和太全面，可能会减少成员对工作的承诺，并有时促使产生多余的甚至是不道德的行为。根据哈克曼的观点，发起人必须寻求在给团队太多或太少的方向之间寻求一个平衡。[1] 正如他在图3—1中所表述的那样：当目标被细化而工作方法没有被细化（在右上方的方格里）时，他们做以目标为导向的工作并进行自我管理，团队成员会干得非常出色。哈克曼在书中提到：当目标被细化而方法没有时，会暗中鼓舞团队成员充分调动他们的知识、技术和经验来设计和执行项目的运作方法，这有助于团队实现目标和营造好的环境。[2] 但并不是说既细化目标又细化方法（右下角方格）必然导致失败，这种情况适于一个传统的、没有被授权的工作群体。

图 3—1　方法和目标

		细化目标吗？否	细化目标吗？是
细化方法吗？	否	无政府状态	自我管理，目标导向的工作
	是	岔路（最坏的事）	浪费的人力资源

资料来源：J. Richard Hackman, *Leading Teams*（Boston: Harvard Business School Press, 2002），73。经许可使用。

设定时间范围

所有的目标应该是具体的和能被衡量的。如果不是这样，你就没有办法了解是否实现了项目预期的目标。而且也应该有时间框架，必须在这个框架内实现目标，项目完成的时间不能是没有限度的。在某些情况下，必须界定最后的期限：这种情况就是具有一个固定时间和可变通的范围。例如，在2003年夏季要向火星发射一个探测器，美国国家航空和宇宙航行局（NASA）的项目团队完成这个项目的机会是有限的。因为在那段时间，地球和火星靠得最近，8月份之后两颗星之间的距离将开始迅速加大。因此NASA必须在7月份发射火星探测器，否则只好取消这个项目。由于时间受到限制，NASA不得不对航空器的组装采取灵活策略。

某些项目的完成时间固定不变。例如一个软件公司决定每三个月交付一个新版本，由于时间是不变的，项目团队必须对新版本的范围进行适当的调整，增加或减少产品特性，以确保在每三个月末交付新产品。

相反的情况是有固定的范围和可变的时间，这也是一种常见的情形。在本书的后续章节我们会看到，如果界定项目的范围，项目经理和团队就能把每一个目标分解成一系列任务，这样就可估计完成每一项任务所需的时间。因此，章程应该包括一个合理的时间底线，当项目团队更加清楚他们必须做什么时，时间还可以被修正。

明确项目范围

即使手里有一本章程，项目经理和主要项目成员也必须清楚地说明项目的范围。给项目确定范围的一个有用的技巧是让主要相关人士和项目参与者参加一次头脑风暴活动，目的是明确指出项目范围包括什么和不包括什么。参见下面的案例：

联合帽架公司（Amalgamated Hat Rack, Inc.）遇到一个问题。与销售相关的存货成本高得令人难以接受，而且还在增加。首席执行官在会议上向采购部、产品开发部、生产部以及存货管理部的经理们抱怨：我们现在提供 20 种不同的帽架和衣架模型，它们中的大部分使用的部件都为各自所有。

存货部经理拉尔夫回答道：是的，每设计一款新架子，需要组装许多配件和扣件，这些部件与我们的其他产品不相匹配。结果我们现在有 300 多种部件和材料堆在库房里。我们必须对每一部件都进行记录并把它们存放起来。有些部件已经存放许多年了。这就是存货成本昂贵的原因。

采购部经理陈述了另一方面的问题：存放和记录不是唯一的问题。小批量地采购许多种部件，会增加我们部门文书的工作成本，同时也使我们没有机会和供应商签订大订单，而大订单可以得到更大的折扣价。

每个人都认为控制存货成本是公司的一个重要目标，并且几乎会上的每个人就如何解决这个问题都有自己的见解。问题是群体对关于哪些方面导致成本过高的问题都没有达成一致，他们又如何界定控制成本这一项目的范围呢？首席执行官指派存货部经理拉尔夫招募一个项目团队并且找到解决方法。

在两周之内，拉尔夫召集了六位关键人员组建起项目团队，并且召开了一次长达3小时的会议。会上大家就高昂的存货成本问题进行了一次头脑风暴，首席执行官和一位关键部件供应商也应邀参加了会议。每一位对这个问题都有不同的看法，经过努力，最终他们共同确定了项目范围。表3—1阐述了他们讨论的结果。

表3—1　共同界定项目范围

目标：减少存货成本		
项目范围之内	不在项目范围之内	评述
决定通过减少部件总数的25%来节约成本。		“减少部件总数将减少我们的库存成本和记录成本，并且可以降低复杂性。我们知道这能降低多少成本。”
	核查目前存货成本，并与主要竞争对手进行比较。	“那将花大量时间，再有，我们也不知道我们的竞争对手是如何使成本得到大幅削减的。”
	拟定一个设计方案，使将来产品具有更高级的部件。	“一个很好的想法，但应是一个独立的项目，应由产品开发人员来运作。”

表 3—1(续)

列出一份统一的零部件清单(必要时也可例外),产品开发人员从这份清单中选择要开发的产品。估计这样的程序能削减多少成本。		"客户看不见我们的大部分扣件,因此我们应从这些小部件入手,来设计新产品。"
	重新规划我们的新产品设计程序。	"好主意,但他属于一个独立的项目。"
拟定一个可及时交付部件的计划。		"这可以节省我们的场地和存货成本,多年前我们就应该这么做。"

表 3—1 中的例子说明了一个团队是如何界定项目范围以及如何排除可能浪费能源和资源的活动。注意这个团队把两种有关产品设计的建议排除在项目范围之外,尽管它们有相当多的优点。每一个建议都有可能成为一个有价值的项目,但是它们都被认为不属于目前项目的直接范围之内。这个决策表明项目经理、成员和发起人必须在开发的选项之间进行取舍。选项往往太多,以致时间和资源都难以承受。

如果发起人具体指定了应该实现的目标,项目计划应使用可操作的术语详细说明工作方法。项目计划可能是项目经理拟定的,但实际上代表很多甚至是所有项目成员的观点。经发起人同意,计划可以成为章程里的第二部分。

对于大而复杂的工作而言,一个项目计划是非常有用的,因为它可以提供关于任务、阶段目标、交付、风险和时间表等方面的细节内容。无论对项目团队还是其他有关各方,项目计划的作用就像一张路线图。

注意:你需要一个便利的工具帮你确定项目范围吗?附录A里有一个“界定你的项目”工作表,这个表有助于你仔细考虑你需回答的关键问题。

小　结

- 项目章程是一个行动的指令。它清楚地写明工作特征和范围,以及发起人所期望的结果。
- 章程应该是不含糊的。它应该是清晰的、具体的、可衡量的、以行动为导向的、实际的和有时间约束的。
- 当你指定一个章程时,应详细说明目标,但把方法的建立留给项目团队去做。
- 具体指明范围是什么和什么不包含在项目范围之内。

4 行动框架

4 行动框架

重要的最初步骤

本章涵盖的关键话题

- 如何使决策达成一致
- 追踪未解决问题的一个方法
- 把决策和行动写入文档
- 拟定沟通计划
- 建立预算

和其他重要的风险事业一样，如果在项目启动之前就建立一定的程序和运行机制，项目的进行就会更顺利。如何作出决策？项目参加者如何一直保持紧密的联系？如何处理未解决的问题？本章将阐述有关这些方面的组织问题。若把它们理出头绪，每件事情都会进展得更顺利。如果你不想在项目进行中弥补不足，就要在每件事情开始前定下规则。

决策，决策

有经验的项目经理知道决策是他们工作中的一个重

要部分。事实上每个项目就是一组活动，这些活动通过决策相连在一起。因此最先做的重要事情之一就是应该在以下两个方面达成一致：(1)如何作出决策，(2)谁来作决策。如果项目成员不能形成一致意见，这个项目将受到阻碍，项目经理或项目发起人会发现每一个小决策都堆放在他或她的办公桌上。这个项目或者在没有意义的争论中浪费大量时间，或是作出许多相关人士不支持的决策。像这样的决策，会随处可见：

一个小目标应该为另一个目标作出牺牲吗？

表格里有三种新产品的设计方案可供选择，这个设计团队必须选择其中一种。

团队应该雇佣哪一位顾问？咨询约定的范围是什么？

决策团队的支出超过了预算。应该削减哪些活动？

决策团队从产品组收到许多有关改造产品的要求，而且他们的想法非常好。如果采用这些想法，团队就无法按规划完成任务并且超出预算，但是这样做也许是值得的。决策团队能作这个决策吗？还是他们必须听从筹划指导委员会的意见？

在企业的职能部门中，决策是行政官员和经理们的任务。他们识别问题，找出问题并对其进行分析选择，同时与其他相应的资源部门进行协商，然后作出决策并且对结果承担责任。在职责范围内，作决策是经理们和行政官员们应该做的事情。虽然他们也会寻求一致意见和其他人的观点，但他们的决策不受他人意见的制约。项目团队必须采用不同的方法来作决策。

制定决策的范围

项目决策的制定不像运营部门或职能部门内的那样,被清晰地划分。对于团队的目标和分配给团队的资源标准,发起人和筹划指导委员有绝对的决策权。他们在以下几个方面也有最终决策权力:

- 人事;
- 超出预算的支出;
- 外部资源的争取;
- 整个组织的政策或目标的变更;
- 可影响消费者选择产品的因素的确定,例如产品的定价和规格,以及团队的决策和项目进度表的变更。

但他们必须接受主要相关人士的观点,这些相关人士要求决策要反映出他们的心声。

另一方面,项目经理对于项目的运作和过程应该有绝对的权力,只要他们不

- 改变团队的目标或决策;
- 对项目进度表有不利的影响,或对预算有不利的影响。

以上几个方面同样适用于团队领导和团队成员,这些成员需要在规定的范围内,行使决策权,但前提是他们的决策不能对项目有负面影响或影响其他项目团队的工作。

为了避免潜在的不一致，应确保你的项目团队、项目发起人、关键相关人士和高层管理者都能认可由与项目相关的不同成员和群体作出的决策。

决策程序很重要

研究显示人们关心决策程序。他们想要公平的协议，只要认为作决策的程序是公平的，他们就很有可能接受一个对他们不利的决策。在这种情况下，信任是关键因素，人们应该信任设计决策程序的人员。如果他们发现这些人员被为了私利的人所操纵，那么他们接受决策的意愿和对项目的承诺将会消失。

谁来作决策和怎样作决策

如果你是经理或团队领导，就必须帮助其他人就谁来作决策和怎样作决策的问题达成一致意见。谁能来作决策呢？在团队层面，是团队领导还是其下属成员作决策，还是所有成员一起作决策？如何作决策呢？是遵循多数原则还是全体成员达成一致意见的原则？决策是最终的吗？如果不是，团队又将遵循怎样的修改程序？

以下是一些常见的作决策的方法：

- 多数原则。项目成员带着各自观点参会并进行讨论；然后对各种观点进行投票，当某种观点的得票数超过50%时，这个决策将被采用。
- 一致同意原则。在作决策和采用决策之前，这个决策必须得到团队每一个成员的同意。如果达不成一致意见，必须寻求新的选择，然后再交给团队进行讨论。

- 小群体决策原则。推举一群有相关经验和技能的人员去作决策。

- 领导根据成员的观点作决策的原则。团队领导集合团队成员的观点后再作出决策。

选择作决策的方法时，应慎重选取参加决策的人员。参与决策过程的团队成员越多，这个决策就越有可能得到他们的支持。一致同意的原则和多数原则结果有助于建立团队承诺。但这也有不利的方面：这些方法耗费时间。因此如果时间是主要问题时，团队应考虑在不同情况下使用不同方法。对团队成员来说最重要的问题的决策要尽可能达成集体一致，而对其他问题的决策可选用最新型的方法。

在项目启动阶段，选择作决策的方法是极其重要的。项目成员对决策的方法不能一致同意，他们之间就会产生口角和争吵。因此如果时间和活动显示这些决策方法不能支持主要目标，就应依次去改变它们。

跟踪和处理未解决的问题

一次会议上会有许多重要问题被提出，但却没有提出解决方案，这样的会议你参加过多少次？或许很多。甚至当大家一致认为某些问题非常重要，但还是不能提出解决方案。这是为什么？或许因为你们已经耗尽了所有的时间；或者由于参会者没有足够的信息而不能达成一致的观点；或许是因为一些参会者需要更加详尽地考虑这些问题。这些都是推迟解决问题的正当的原因。问题是在项目进展或会议进行期间，也许发生了你们不能解决的问题？它们被忘记了吗？是否被塞进抽屉了？或是被送入轨道了？如果没有一个有序的和系统的方法来处理未解决的问题，它们就有可能阻碍决策。如果执行一个任务前必须等待一个决策，它们也有可能阻碍项目的进行。

处理未解决问题的一个方法是把它们记入跟踪日志。跟踪日志有两个优点：(1)不会丢失未解决的问题，(2)有确定的程序及时解决这些问题。表 4—1 是许多跟踪日志的形式之一。

表 4—1　跟踪日志的例子

问题	第一次提出	提出人(业主)	评论	解决的最后期限
材料供应商的选择	3/03/04	A. Sandoval	有三家投标	5/21/04
找一位新的技术团队领导	3/07/04	K. Mclntyre	目前的领导将在 5/13/04 退休	尽可能快(ASAP)
是否参加 2004 年 6 月的 APRQ 会议	3/10/04	J. Johnson	还没计算成本，申请的最后期限是 4/18/04	4/16/04

创建一个日志并不会消除未解决的问题，还需要有人来对这些问题负责并且及时把它们提交到决策讨论会上。业主和项目经理应共同对这些问题承担责任，因为是业主认为这些问题很重要所以提了出来，而项目经理制定了议程。

重要的是，使用跟踪日志有一个优点，就是紧要问题不会丢失或忘记。

把决策和行动写入文档

如果你一天参加了几个会议，你或许会明白你是多么容易忘记会议的决策，以及谁在会后被安排了任务，会产生诸如以下的混乱：

"我从来没有同意过那个计划。我同意的是……"

"根据我们在几个月前所作的决定，供应商将被限于一直与我们交易的三家公司。约翰(John)，为什么看上去迷惑不解？难道你没有记住那个协议吗？"

"所以现在我们和每一个相关的部门及它们的成员讨论我们的计划。我们已和他们会过面了，不是吗？"

这些陈述和问题听起来熟悉吗？如果听到过，你就需要寻找一个方法来跟踪你的团队所作的决策。记录和进展报告可以实现这一目的。

记录

有一定规模的项目会有许多会议和许多参与者，所以很容易失去对一些问题的跟踪，如已经做了什么工作、还有什么工作、谁同意做什么和谁不同意做什么。因此即便是最小的项目,也应有一个系统的方法来跟踪决策、任务和行动。

许多组织利用会议记录(由指定人员做的会议笔记)来实现跟踪的目的。这个会议记录需在下一次会议上被回顾和认可,如果需要还要被修改,然后把已认可的记录收入文档,这样成员在需要时就可以把它们提出来。

进度报告

会议记录是非常重要的,因此应对每一个高层会议进行记录。对于低层会议做简单的笔记就够了。但会议不只是应采取的决策和行动的讨论会,因为人们在会议上讨论一个小时的事情,就会在会后花若干个小时去完成相应的工作,至少某一位会这么想。例如,为了支持一个正在开发新生产线的项目团队,研发试验室的人就要忙于测试材料和原料成分;市场部专家们要去调查潜在客户的需求,财务分析师们需要处理数据,以评估出新生产线给公司带来的成本和创造的价值。每项工作都应向项目经理报告进度和存在的问题,项目经理必须处理这些信息,并利用它们来跟踪整个项目的进度。

报告的内容和范围可由实际情况和项目经理为了管理项目并推动项目的进行所需的信息来决定。像会议记录一样,应按着顺序将进度报告制成文件,这样无论谁需要什么样的信息都可以获得。文件系统的格式可不如这个系统的完整性和透明度重要。

注意：在本书结尾的附录部分有一个表格，你可用它作为你的进度报告，或经改编后再使用。

拟定一个沟通计划

沟通计划的拟定是在项目启动之前必须先完成的几件事情之一。沟通计划的重要性在于它可发挥大量人员、部门和参加项目的实体的作用，即使在他们的地理位置很分散的情况下。除已规划好会议时间和地点的情况外，由位于相同地理位置的少数人员参加的小项目就不需要这个计划。这些人员可以在走入门厅或走进咖啡厅的任何时间交流信息。相反，一个大项目将许多人员召集在一起，他们来源于不同部门、不同地理位置和不同的组织，因此必须拟定一个高度有序和完整的沟通计划。召集这些人员相互讨论和交流观点是个具有挑战性的任务。没有沟通，大项目的成员将不能协调他们的工作、解决问题以及按期完成目标。

一些在大项目内沟通的提示

如果你的项目是个大项目，项目参加者或许分散在办公楼的周围，或许在位于其他城市或其他国家的公司工作，有几位可能就不是公司职员，而是供应商或战略伙伴的员工。你如何在需要的时候，与这些人顺利地进行信息沟通？你将怎样帮助他们进行相互沟通？以下是一些提示：

- 安排一个有能力的人负责创建一个项目网站和基于网站的时事通讯，尤其是当项目完成的时间很长时。可利用时事通讯来报告项目的进度、存在的问题和可能要发生的事件。
- 利用项目网站登出章程、任务、会议记录和其他材料。项目成员可以根据需要获取信息。
- 将每个工作组的电子信箱地址捆绑在一起。条件是你的电子信箱具有群发功能，它允许你点击一次就能把信息发送到事先设定好的地址处。这项功能可以使你很容易地把信息发给需要它的人们，而不必打扰其他不需要这些信息的人。

每个项目的沟通计划应该包括会议、电子邮件和报告的草案。更大项目的沟通计划还应考虑项目成员的地址和电子联系方式，例如项目网址、电话会议和视频会议可以将分散的相关人士和团队成员联系在一起。

会议

项目会不时被各种会议打断，包括定期安排的会议、临时会议以及为处理紧急事务而召开的会议。

对于以行动为导向的很忙的人来说，会议是不受欢迎的，但会议是最好的沟通方式。它也为交流观点和作决策提供论坛，项目进展通常依靠这些决策。因此如果你的项目必须开会，而且需要大量的会议，聪明的做法是认真布置这些会议。

一般情况下，尽可能定期召开大部分会议。例如，如果知道项目团队会议每个周一下午3:00至4:00进行，项目成员就可以根据这个时间安排好其他时间的工作。一个规律化的时间表可以避免会议组织者花费大量时间来寻求大多数人都认同的一个时间。

参会政策

应该制定一个与项目会议相应的参会政策，如当主要成员不在场时，不能作出决策。但为了避免打乱已规划的项目进程，可在下一个已纳入安排的会议上再作出决策。

主要项目成员在工作中承担重大责任，因此他缺席会议的问题就会成为一个特别敏感的问题。例如公司负责人必须花85%的时间在日常工作上，如果没有参会政策，与其他的工作安排相比，她会把参加项目会议安排在次要位置。所以在初期阶段应该建立一个参会政策。如果由于旅行而不能参加会议，可以考虑利用电子通讯技术在开会时与出差人进行连线。做到这些是很容易的。

注意：准备会议包括使会议的程序更加合理，遵从已定的决策和协议。如果你想学习有关这些方面的知识，见附录B《有效会议的向导》。这个向导将帮助你怎样准备会议以及使会议有效地进行。

会议技术

有时不能使用电子邮件，这时团队成员就必须聚在一起来讨论他们的工作。有时口头沟通就足够了。在某些情况下，人们必须互相见面，或看一看其他人正在制作的实物。如去认识刚刚加入团队的成员；看看产品的原型；从四种不同颜色的产品中选择一种作为新产品；也有时想看一看顾客是如何使用这个产品以及使它更有效地工作的。幸运的是现在我们可借助大量的并可支付得起的技术，来实现这些不同形式的沟通。

电子邮件。电子邮件是一个非凡的沟通工具。信息可被迅速而且低成本地从一个部门传到另一个部门，甚至可跨越成千上万英里。经 Word（微软公司生产的文字处理软件）处理的文件、照片、扫描的文件和幻灯片可以通过附件，几乎以心脏跳动的速度传送出去。

每位项目成员应申请一个电子信箱，并应获取其他成员的 E-mail 地址。如果你想完全利用电子邮件来传送文件，应核查文件的兼容和压缩问题，并建立使用协议。一定要清楚应将文件“复制”给谁，并且不能重复操作。有时不必把你的信件发给所有团队成员，因为任何人也不想收到大量的不相关的电子邮件。对于受决策影响和需要参加决策的人，你一定要确认他们都收到了通知。

电子邮件有助于形成虚拟文件的传递途径，当发生误解和冲突时，可提供溯源的重要信息。

电话会议。电话会议对于虚拟团队是最快捷和最简易的口头沟通方式。并且它有一个电子邮件没有的特征：可以提供一个动态的、相互交谈的机会。当需要对目标进行讨论，需要头脑风暴，需要解决问题或需要作决策时，电话会议的这种优势使得它成为一个更好的媒体。

现在有多种远程会议技术。关于最先进方式的选择，可以与你们的沟通服务供应商进行协商。

视频会议。视频会议是项目联络的另一种渠道。它不用浪费时间或食、宿、旅行的费用，就可以把团队成员召集在一起。例如，项目团队成员可能在伦敦、巴黎和蒙特利尔，但他们可以不走出办公室就能与在罗马的同事进行交流。他们可以在同一时间，相互看见并讨论同样的目标和文件。然而，视频会议比较复杂，并且需要专业人员的帮助。若想利用基本的视频技术，使用者需要有合适的计算机、照相机、麦克风、软件和网络连接软件。不幸的是不同类型的计算机不能总是和卖家出售的系统兼容。所以如果你的团队选择了视频会议，应确保每个人获得一套可兼容的系统。

视频胜过音频

在他们有价值的文章《距离很重要》(*Distance Matters*)里，加里·奥尔森(Gary Olson)和朱迪思·奥尔森(Judith Olson)得出结论说:使用网络技术时,或者失败,或者需要团队成员更加努力适应媒体技术。除那个总的结论外,他们还提出视频联络远远优于音频交流:

我们的试验数据表明即使对相互熟悉和曾经合作过的人来说,仅通过音频进行交谈,是不能获得像面对面交流一样的效果的。视频交流产生的效果与面对面交谈产生的效果没有区别,然而视频交流的工作过程发生了变化,因此需要更多的经费来进行指导和管理(讨论他们怎样进行工作,但不是做这项工作)。

资料来源:Gary M. Olsen and Judith S. Olson, "Distance Matters," *Human Computer Interactions*, 15 (2000):152。

使人们进行联系

基于团队的工作存在距离问题。项目成员住得越近,他们就越有可能相互影响,并经常交流观点。正如麻省理工学院(MIT)研究员汤姆·艾伦(Tom Allen)几年前所发现的那样:"人们最有可能与跟他们住得最近的人进行交流。因此,个体和群体所处的位置对沟通或者有利,或者不利。"[1] 因此项目成员所处的地理位置对交流深度和分享信息的程度具有重要影响。

作者 Marc Meyer 和 Al Lehnerd 在他们的一本基于团队的产品平台开发的书中,强调了成员处于共同场所的重要性:

团队成员处于同一场所的原则非常重要,这样做的优点是他们能获得多种信息,并可给他们提供一个持续显示那些信息的场所,等等。把团队成员安排在同一个场所可以改善沟通和信息的交流。在那里,将他们认为毫无价值的少量的知识和信息与其他少量的知识和信息组合在一起,就会形成有意义的见解。团队成员处于同一场所有助于他们之间建立起亲密的关系,也有助于对高风险项目作出快速的承诺。[2]

解决不能在同一场所的问题,包括不能把团队成员的工作场地安排得非常近时,一个有效的方法就是建立项目团队办公室。项目团队办公室可为团队成员提供工作的空间。它可作为会议场所,也可作为成员相互交流的场所,并且在此可展示和保存所有的物品以及团队工作记录。这些物品和记录可以包括:

- 被分解的有竞争力的产品
- 团队目前的原型产品
- 相关测试和研究报告
- 一个专门收藏技术性图书和杂志的书库。

可在团队办公室的墙上布置以下条目:

- 一张大的甘特图,图上有项目进程表和项目进行中所发生的具有里程碑意义的事件。
- 项目发起者签了名的团队章程副本
- 团队预算,包括目前已作出调整的部分

团队办公室应该安装扩音器和视频会议设备,这样可满足不在现场的人员也能加入群体讨论的需要。最后还要有一张白板和一幅活动挂图。办公室和它配置的设备能促进团队工作,也有助于培养团队的身份认同。

如果项目参与者分散在一个大的办公楼内或者更远，建立上述团队办公室就是不可行的。但借助于项目网站，你可以实现一些相同的优势。就像在真实的办公室一样，利用四面墙，可在项目网站上建立一个虚拟的团队办公室：

- **目的墙**。墙上的内容包括团队章程、目标、任务、产品清单以及目前所取得的成效。
- **人员墙**。这部分被用做介绍团队成员并陈述他们的角色。在这里，使用者可以获取参加项目的所有人员的信息。如果可能的话，附上每一位成员的照片，并简要介绍他所从事的特殊工作和专业技能。一张照片，一个名字和一段简短的介绍，都为虚拟团队的工作增加了重要的内容。

布置团队办公室的技巧

一间项目团队办公室是为会议准备的自然背景。但如果你把它布置成一个一般的集会地点，你就只能得到空间的充分满足。为了能把人员吸引到团队办公室，你应做以下几件事情：

- 在团队会议室定期举办自带午餐。选取一个特殊话题，或者邀请一位访问学者，一位关键客户，或来自联盟的伙伴，这些都可用来吸引人们参加这些非正式的会议。
- 用沙发、咖啡桌和休闲椅代替传统的会议室家具，以此来创建一个非正式而且舒适的空间。
- 在现场准备大量的便笺簿和笔以便成员们草拟发言稿。
- 放置一个存有苏打水、果汁和小吃的小电冰箱，这些东西都可以吸引成员进入办公室并相互交流。

- **文件墙**。这部分场所的内容包括将要举行的会议的时间表和它们的议程。这里也存放以前会议的记录和所有会议的介绍。成员可以利用这面墙登出他们的工作情况，以便其他同事对其进行评论，这些评论和看法也可被登出。
- **沟通墙**。这部分内容包括团队每一位成员的联系方式。

在过程形式化中寻找到平衡

到目前为止我所阐述的任何事情都与能推动项目工作的过程有关：如如何作决策，以及如何进行沟通等等。关注过程固然很重要，但不能走极端。哈佛商学院的罗伯特·奥斯汀和他的合著者倡导对过程形式化进行最低限度的要求。他们认为项目必须在规范和敏捷之间寻找平衡。过程形式化支持规范化，但如果过分坚持过程形式化就会降低敏捷性。书中指出："许多公司在平衡规范和敏捷这两方面是成功的，它们既没有避开过程形式化，也没有让过程形式化牵制它们。它们基于把规范化降至最低是过程成功的关键这一观点，开发出了简单的过程管理工具。"

资料来源：Lynda M. Applegate, Robert D. Austin, and F. Warren McFarlan, *Corporate Information Strategy and Management*, 6th ed. (Burr Ridge, IL: McGraw-Hill/Irwin, 2002), 278。

很多网站都是巨大的资产，但它们需要维护。必须有人对网站进行监控和升级。对某些领域的项目而言，承担这项重要的工作可能就是某人对团队总的贡献。

制定预算

预算是把规划转化成可衡量的支出,以及在一定时期内,期望得到的预期回报。从这种意义来讲,预算相当于项目财政的蓝图和行动计划。对于企业来说,一个好的预算和一个不好的预算是有差异的,因为一个好预算一定能给员工提供完成任务所必需的资源。项目预算也具有同样的功能。

在做一个预算时第一要问的问题是:要成功地完成这个项目,会需要什么资源?为了确定项目的成本,要对你认为是关键的成本进行分类。以下是项目成本的典型分类:

- **人事**。这是项目预算的最大部分,包括全日制员工和临时员工的成本。

- **旅行**。项目进行中,可能需要成员往返于不同的地方。是让每位成员都在指定的场所,还是把团队成员都召集到一个地方?不要忘记对食宿进行预算。

- **培训**。必须进行培训吗?如果回答是肯定的,就要考虑培训是否要在某个场地进行,是否需要差旅费。如果你打算把培训这项工作承包给团队外面的人,预算就要包括承包者的酬金和其他支出。

- **配备**。除计算机、钢笔、纸和软件等常规物品外,你可能还需要一些不寻常的设备。因此预测一下完成项目需要什么配备?

- **场地**。你也许需要重新布置租用的场地。需要多大的房间和多少钱?

- **研究和专业服务**。你要购买资料或雇佣一个市场调查公司吗?你打算聘请一位顾问或寻求法律服务吗?如果需要,要把每一项的成本写入预算内。

由于成本估算是在实际工作开始前进行的,因此它能使团队成员有机会从成本的角度考虑,他们是否真的要做这个项目。例如,根据成本估算的结果,发起人可能重新考虑这个项目或缩小项目的范围。同样地,如果发起人不愿意全额支付预算,项目经理和其他对工作的成功或失败负责的人,就有可能退出。从一开始就没有受到全额资金支持的项目是危险的。

在某些情况下,项目预算不可能变通,如项目的预算受一个规定了总支出的合同制约。然而内部运作的项目的预算通常可在一定范围内变通。因为很难预测出每一笔支出,因此这种变通一般也是必要的。最好的项目是当遇到障碍或有价值的机遇时,能够进行适当的变更。正因为如此,许多项目经理会给他们的预算留有一个可浮动的空间。他们要求把预算的5%左右作为机动费用。这些额外的资金使得他们有一定能力来支付那些不可预测的成本,而不必请求项目发起者再增加资金。

一旦一个项目已经启动,项目经理可通过对实际支出与预算进行比较,利用预算控制项目进展。反过来,对进展的反馈、监督和评价,有助于团队及时采取正确的行动。

小　　结

● 项目就是通过决策将一组活动连在一起。所以在项目开始前，要确定谁来作决策和如何作决策。决策制定的方法有大多数原则，一致同意，小组决策及权威领导作决策等。

● 会上提出的许多问题都不能当场解决。如果这些问题重要，必须有人做记录并在恰当时间把这些问题再提交给决策者们重新考虑。利用跟踪日志可以实现这一目的。

● 为了让人们记住他们已作出的决策，需把决策做成文件。

● 对于一个大且参加者非常分散的项目来说，进行沟通是必要的。和项目成员一起拟定一个可行的沟通计划，这个沟通计划有助于他们相互沟通。

● 尽可能地把项目团队成员安置在同一场所。他们的物理位置彼此越接近，他们之间的沟通就越多。

● 通讯技术，包括项目网站，电子邮件，电话会议和视频会议等，能为地理位置分散的项目成员提供沟通的渠道。

● 做好预算，它能帮助你跟踪项目进展情况。

5 工作分解

5 工作分解

从大工作到易于处理的任务

本章涵盖的关键话题

- 利用工作分解结构把复杂任务分解成许多小任务
- 评估完成每一项任务所需的时间和资源
- 让合适的人完成任务

一旦你已经完成所有内务处理并且为你的项目建立了预算，你就可以准备进入项目管理技术的最初领域，这一领域有助于你把大项目工作分解成一组更易处理的任务。项目里的许多目标巨大并且复杂得令人头痛。对于没有在建筑业工作过的我们来说，建造一座 80 层高的办公楼的工作复杂得简直令人无法想象。如何建造一个能承受 100 万吨钢筋大梁和其他材料的地基，而且这些材料必须按着正确的顺序，准时到达相应的场地？如何使电梯和自来水到达最高楼层？如何组织、规划和指挥一小队电工、钢铁工、钳工、泥瓦匠、玻璃安装工和许多其他人员？

这似乎是不可能的，不是吗？着手处理一项令人畏惧的大项目时会使人们想起一段古老的笑话："你怎么能吃得了一头大象？"尽管这种挑战令人畏惧，但回答却简单明了：把大象切成一口一块的大小。同样的方法也可用于管理大小项目，即把项目分解成一系列易于完成的任务。本章将阐述如何利用工作分解结构(WBS)的概念来分解项目。利用工作分解结构(WBS)，从最高目标开始，把项目目标分解成可以实现的许多小目标，然后评估实现这些目标所需的时间和资金。这个方法有助于项目经理们回答以下关键的问题：

- 为了实现目标我们必须做什么？
- 完成项目需要多长时间？
- 项目的成本是多少？

许多项目失败的原因可能是由于项目工作中的某个重要部分被忽视，或者是由于低估了完成这项工作所需要的时间。例如，如果你在开发或安装一套新的数据库管理系统时，忘记把时间和人员培训的成本包括在项目里，你就不可能完成所有目标。但是详细认真审查是可以避免这种事情发生的。本章将阐述如何把一个目标分解成许多任务，如何合理评估完成每一项任务所需的时间和资源。

工作分解结构

工作分解结构是项目经理用于提高评估质量、安排人事、跟踪项目进展和确定项目工作范围的工具。利用这个工具你能把复杂的任务分解成许多更小的任务。这些任务还可以被进一步分解。

建立工作分解结构时，应问：为了实现目标，我们必须做什么？对每一项任务和它的子任务，要反复问这个问题。你最终会把任务分解到不能再细分的地步。参照下面的例子：

ABC汽车公司计划推出一款新型客车，这是一项很大的工作。在最高层面，公司雇员需完成四项任务：

1、确定客户的要求。

2、设计一款能满足那些要求的车辆。

3、制造这款车辆。

4、检验这款车辆。

图 5—1　汽车制造项目的工作分解结构示意图

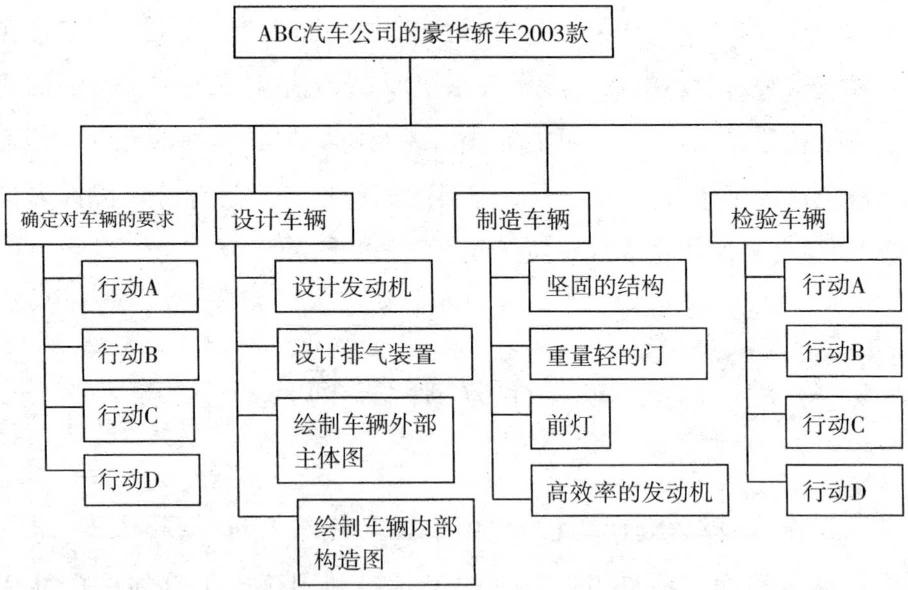

资料来源：Harvard ManageMentor® on Project Management（Boston：Harvard Business School Publishing，2002）。经许可使用。

如图 5—1 所示，这些高层任务可以被分解成一组子任务。每一个子任务还可以被继续分解。例如，设计发动机是设计车辆的子任务之一，它又可被分解成诸如设计传输系统和冷却系统等许多子任务。

在这个例子里，推出新款车的项目团队最终会把任务分解到不能再被细分，此时，任务可能已被分解成需要一天或一周就可完成，工作分解到此结束。工作分解结构一般由 3 至 6 层的子任务构成。项目越复杂，可被分解的层次就越多。建立工作分解结构的原则一般是：分解工作后，完成工作所需的时间与你计划所需的最少时间相同时，就可停止细分任务。因此，如果你打算按最少的天数来规划工作，就把工作分解到每项任务至少需用一天的时间来完成。

建立分解工作结构的提示

由于项目团队成员没有认可所有的任务和子任务，导致许多项目脱离轨道。下面一些提示有助于你建立正确的分解工作结构：

- 从最顶层任务开始分解，并依次分解下去。
- 确保必须做这项工作的人员能参与分解工作。他们所处的位置使得他们最清楚每项工作最棘手的地方在哪里，如何把这些工作分解成更易处理的子任务。项目经理和有关成员应该仔细分析每项任务，以便决定是否所有的任务都是必要的；是否需要重新分解某些任务，以使这些任务能被更快完成，同时还能降低成本。
- 检查所有的子任务，看看把它们加起来是否等于最顶层任务。记住，你不能遗漏任何事情。

估算所需的时间和资源

一旦项目经理对任务的分解很满意，一系列的新问题必须回答：

- 完成每项工作需要多少时间？
- 完成每项任务的可能成本是多少？
- 很好地完成每项任务所需的技能是什么？

关于时间

我们先谈谈时间的问题。如果对任务熟悉，即这样的工作职员们曾经做过很多次，估算时间不是难事。相反，不熟悉的任务就需要更多的考虑和讨论。但要记住估算的时间最终要出现在整个项目进程表里，所以你的估算要尽可能地符合实际。过分低估时间会让你以后陷入困境。以下的提示有助于时间估算：

- 估算应基于经验，如根据完成一项任务平均预计的时间进行估算。你和其他成员对某项任务越熟悉，你们的估算就越准确。
- 时时记住估算就是估算，不具有保证的意义，所以不要把它们变成公司的承诺。
- 当把估算的结果提交给相关人士时，要确保他们理解计算中所涉及到的假设和变量。提交的时间是个范围而不是一个固定的数字估算，例如可以说"任务 A 将需要 8 小时至 12 小时完成。"任何估算都会有错误，但如果估算的结果是一个范围，对的可能性就会更大，这是因为它考虑到了一些变化因素。

● 填料式的估算法能降低完成一项任务(或整个项目)所花的时间超过规划时间的风险，但应公开地进行这种估算并且十分清楚你正在干什么。

关于成本和技能

一旦时间问题得到解决，项目经理应该再次分析每一项任务，目的在于确定完成每项任务所需的成本是多少，需要什么资源和何种特殊技能。分析的结果会表明所需的资金和资源的情况，项目组织必须对这些结果给予支持。这些分析将会使项目经理更加清楚，从完成项目所需的技能方面考虑，项目团队更需要谁。如果团队内没有具有这些技能的人，可通过对项目成员进行培训，雇佣有这些技能的人，或者聘请专家等方式来填充技能的空缺。这些工作都应记入项目成本。

分 配 工 作

手中有了工作分解结构这个工具，项目经理就可以分配工作了。每一项任务应该有一个确定的承担者，是某人，而不是一个部门，对这项工作负责。并且这位承担者应该有足够的时间完成这项工作。

如果还没有召集团队成员，项目经理应根据项目所需的技能从公司内外招募合适的人员。如果已经召集过了，或者如果不允许招募外部人员，项目经理应尽其所能启用团队内有才能的人员。此时项目经理对各个成员的技能进行评估，然后尽可能地使成员的技能与他们的工作相匹配；也可通过培训来弥补成员技能的欠缺。如果你曾经和团队成员一起工作过，非常了解他们的技能优势，那么你自己就可以分配工作了。但如果你不熟悉这个团队成员的个人能力，就创建两个列表：一份列出所有参加项目人员的姓名，另一份列出要顺利完成这项工作所需的所有技能。然后在下一次会议上，详细介绍这两份表的内容，鼓励项目成员介绍自己的技能，最后由大家共同确定完成所有任务的初步人选。在群体背景下分配任务，可让人们了解每一位成员的技能，这不但能确保每项任务都被分配给了合适的人，而且团队成员也意识到了他们所获得的资源是有限的。

如果成员们一致认为没有人有能力承担某项任务，你可以考虑通过培训或者招募的方式找到合适的人选。如果给一位成员分配了大量的任务，就一定要确保这个人有时间来做所有的工作。让成员超负荷工作类似于拟定了一个计划，这个计划让一个特殊的机器每天运转 30 个小时！这是不可能的。但这种情况确实存在。如许多公司发现他们需要一个或更多的人员一直不停地为某些项目工作，有时需要某人同一时间在不同的两个地方工作。

同时也需核查是否给每位成员都安排了足够量的工作，这是因为每个人都需要为项目的完成作出贡献。

一个引申的案例

上面介绍了工作分解结构的基本概念，下面让我们看看一个公司是如何把这一概念具体应用在一个叫做菲尼克斯的项目上的。这个项目的目标是安装三个网络服务器，并把关键数据库转移到新的数据中心。这个案例提供了一个方法，这个方法有助于你细化任务和相关的子任务，以及对估算的时间进行分配。为了简化，没有包括成本和所需的技能。

表5—1阐述了这个项目的主要任务和每项任务是如何被分解的，其中对后者的描述非常详细。如表所示：每一项主要任务被细分成包含一个或多个子任务的层次1，其中大部分任务被继续细化为层次2的子任务。每一个子任务被分配了一个预估的时间段，总共持续22天。这里的意思并不是说完成这个项目总共需要22天，因为一些任务可以平行完成。例如一个团队成员告知数据中心新设备即将到达的同时，另一个人成员可以开出订单并把订单发送给设备的供应商。

注意：本书尾部附录A有一个工作分解结构的工作表，这个表与表5—1很相似，你可以利用它去细化你项目里的任务。

表 5—1 菲尼克斯项目工作结构分解

主要任务	层次1子任务	层次2子任务	层次2子任务持续(天数)
购置设备	购买3个服务器和2个带有设备的数据库,并海运到新的数据中心	开出购买订单并交给卖方	5
		告知数据中心设备即将到达	2
准备和安装设备	(物理位置上)安装硬件		2
	安装操作系统		1
	安装应用程序	安装软件,包括服务器软件,数据库应用程序,装载其他要求的附件。	2
	把内容复制到新服务器	复制配置,把文件转移到新服务器并进行正确的安装。	3
测试设备	确保网络连通,检查数据库通道和功能		1
运行	进入新的数据中心	切换网络和数据库通道,进入新的网站	1
		进行预先设定的测试,以保数据准确	1
		检查数据和内容的完整	1
再次测试	让网站开通24小时并且再次检查完整性		1
淘汰老设备	从工作场所中清除老设备	拆卸设备,清除相关的软件和目录	1
		把设备海运返回库存	1
		总持续(天数)	22

资料来源:Harvard ManageMentor® on Project Management (Boston: Harvard Business School Publishing, 2002),16。经许可使用。

继续进行吗?

工作分解结构的完成在项目计划过程中是一个重要的里程碑。利用工作分解结构,可粗略估算完成项目需要花费多少时间,并利用同样的分析方法估算完成项目所必需的成本和技能。当决策者和主要相关人士刚刚承接这个项目时,这些计算的数据对他们来说都是难得的重要信息。然后他们问自己是否他们真的想继续进行:

- 我们能承担得起这个项目吗?
- 如果继续这个项目,它值得花费那么大的成本吗?
- 我们有成功完成项目所需的技能吗?
- 按时完成这个项目对我们的业务很重要吗?

此时对项目的投资相对来说还比较小,提出的这些问题又是非常适宜的,因此由于上述的任何一个原因而放弃这个项目,都不会很痛苦。

当然,即便是时间、资金和技能都不足,放弃项目也不是唯一的选择。另一种选择是改变项目本身的范围。如果没有足够的时间实现一个重要目标,如一个主要的贸易交流会等;或者如果这个项目成本太大,你可以考虑降低目标。实现了项目的一部分目标比什么都没得到要好。如果得不到必需的技术,考虑推迟启动这个项目,直到通过培训或招募,得到这项技术为止。

关于这个方面，你的公司是否对项目计划考虑再三？它应该这样做。当时间和资源不足时，公司行政官员是否能灵活调整项目的目标？他们应该灵活。

小　　结

- 工作分解结构（WBS）是一项技术，利用这项技术能把高层项目目标分解成许多更易被成功完成的小任务。
- 一旦建立了工作分解结构，经理们可以估算完成每一项任务所需的时间和成本，他们也可安排人员完成他们已经认同的任务。
- 当完成工作所需的时间与你计划所需的最少时间相同时，就可停止细分任务。此时的子任务可能需一天或一周就可完成。
- 应用工作分解结构可能得到一些具有挑战性的结论：项目成本将超过它的价值；组织内缺乏完成这项工作的技能；这个项目需太多时间以致不能完成。这些问题迫使管理层重新考虑项目是否要继续。

项目管理

6 规划工作

6 规划工作

各就各位

本章涵盖的关键话题

- 规划程序的步骤
- 检查瓶颈问题
- 利用甘特图(Gantt)和 PERT 图
- 关键路径

规划很重要。项目经理把规划作为安排和控制活动进展的机制,高级管理者根据规划来评估绩效。没有规划,项目会月月拖延并消耗资源和错过机遇。本章将介绍一个你可遵循的实用程序,即如何为你的项目创建具有可操作性和切实可行的规划。这个程序有四个步骤:

1. 利用工作分解结构确定和界定任务和子任务。
2. 检查任务之间的关系。
3. 草拟一个规划。
4. 使规划尽可能完善。

我们已在前面的章节里讨论了第一个步骤,本章将主要阐述其他几个步骤。

检查任务之间的关系

在某些方面许多任务是相关的，并且最终需按着一个特定的顺序去完成它们。想想在一般情况下，在炎热的夏天，你是如何享用一瓶冰凉的啤酒的？通常应包括三个任务：(1)打开瓶子，(2)把啤酒从瓶子倒入杯子，(3)喝光啤酒。这三个活动是相互依赖的。很明显我们不完成第一步，就没法进行第二步，并且只有完成了前两步后，才能进行第三步。如果时间过紧，我们可以完全取消第二个步骤，直接用瓶饮用。但是第一步必需在第三步的前面进行。

许多工作场所的活动同样依赖于其他活动。你还记得我们介绍过的车辆项目吗？就是 ABC 汽车公司计划推出一款新型轿车的项目。那个项目团队必须要设计和测试新款车辆。但是在测试车辆之前，项目团队必须建造和测试用于新车的外部和内部部件。图 6—1 描述了这些活动之间的必要关系。项目必须：(1)设计车辆，(2)建造和测试外部和内部部件，(3)测试利用这些部件建造的车辆。由于这些任务之间相互依赖，因此必须以线性的方式来规划它们。然而，从图中可以看出：建造和测试部件可以沿着两个平行的路径同时进行，一个是外部部件的路径，另一个是内部部件的路径。为什么？因为每一路径中的建造和测试的系列活动取决于车辆设计活动，而不是取决于两个路径之间的关系。识别像以上例子所提到的并行进行的不同活动，是经理们能缩短项目总体时间的方法之一。

图 6—1　任务之间的关系

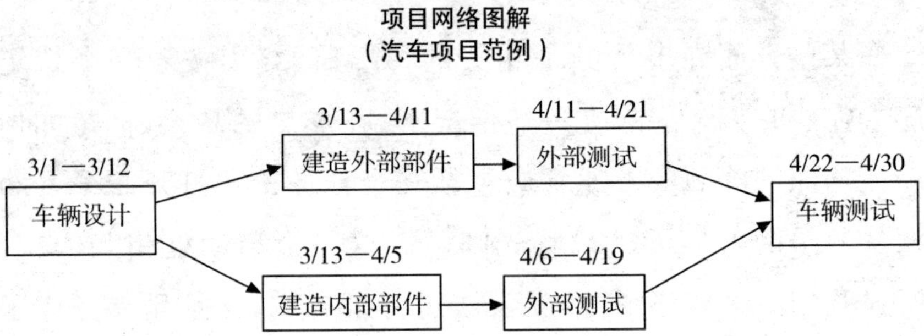

资料来源：Harvard ManageMentor® on Project Management（Boston：Harvard Business School Publishing，2002）。经许可使用。

不同的依赖关系

在某些情况下，任务之间存在逻辑上的线性关系，即从完成到再开始的关系。一项任务必须在另一项任务开始前完成，如下图所示。

设计部件——建造部件——测试部件

而有些任务之间存在一个滞后的关系。此时，正如下图所表述，一项任务的开始必须等着另一项任务的开始或部分完成。举一个任务之间存在这种关系的例子，如一个新计算机系统的开发。软件开发者必须等到某些——但不是所有——硬件开发完成之后才能开始工作，而此后，大部分的工作可以并行完成。

硬件开发
└——软件开发

当项目团队评估了任务之间的关系后，就可以在白板上绘制任务示意图。此时最好注上不连续的任务的名称并按正确的顺序把它们排列在一面大墙上。用即时贴便条的方法写任务名称是更好的选择，这是因为容易改动。经过头脑风暴后，把便条从这里移到那里，项目团队最后会对相互依存的任务排序感到满意。

草拟一个规划

在以上工作的基础上，项目经理和团队已获得草拟一个规划所需的所有信息：一个任务目录，每一项任务大约持续的时间以及任务之间的关系。我们在这里使用草拟这个术语，是因为当某个人有机会查阅这个规划时，若发现瓶颈，还可对规划进行适度调整。这个规划应包括：

- 显示所有活动的开始和完成日期；
- 确认所有任务持续的时间；
- 识别任务之间的关系。

甘特图（Gantt Chart）

许多项目经理利用甘特图来规划工作。图 6—2 描述了一个先前介绍过的菲尼克斯项目的甘特图。那个项目目标是安装新的服务器并让它们在新的数据中心运行。如你所见，菲尼克斯甘特图实质上就是一个带长方块的图表：任务列在左侧的栏内，并给任务配上相应的时间块。这些长方块显示任务何时开始，基于任务之间的关系它们又何时结束。利用电子数据表或项目管理软件程序[如美国微软公司的项目管理(Microsoft Project)软件]可以创建这种图表。规划者可以利用不同颜色来显示由不同团队成员所负责的每一块。甘特图可展示下列内容：

- 项目的状态(把已经完成的任务涂上阴影)
- 估算的项目持续时间
- 估算的任务持续时间
- 任务的顺序

甘特图因其简洁并能让人们一眼看到大图内所有的条目而大受欢迎。但是甘特图不能显示不同任务之间的关系，所以当规划者输入任务时必须格外小心来显示时间块里的任务的关系。

图 6—2 **甘特图**

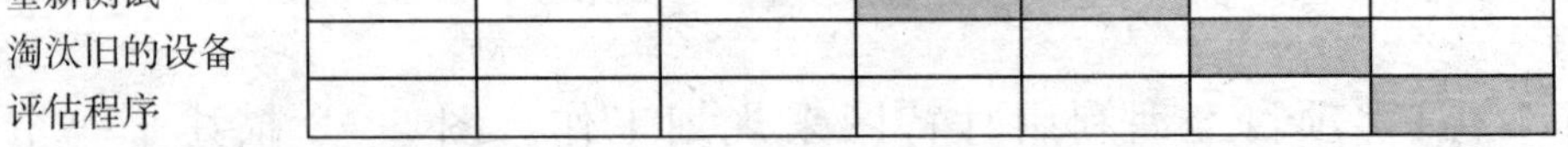

资料来源：Harvard ManageMentor® on Project Management (Boston: Harvard Business School Publishing, 2002),26。经许可使用。

关键路径

甘特图中没有显示出的另一个重要信息是关键路径。关键路径是决定整个项目持续时间的一系列任务。它指的是通过这个项目的最长路径，并且这个路径内的任何任务被延误，都将使整个项目被延误。从这个意义上来说，关键路径中的松弛时间为零。虽然可以非常灵活地安排某些任务的顺序，但是关键路径任务被它们之间的关系锁定，任何一项任务都不能被省略。

为了识别关键路径，我们再来回顾 ABC 汽车公司的项目。如图 6—1 中所述，项目团队把车辆设计任务分解成不同的生产和测试的子任务。从另外一个角度来看图 6—1，这个图也可被称为网络图表。与甘特图不同的是它显示了所有任务之间的依赖关系，同时也显示了关键路径。在 ABC 汽车公司的项目中，关键路径是：(1)车辆设计，(2)建造外部部件，(3)测试外部部件，(4)车辆测试。为什么把这些任务定义为关键路径呢？原因是它描述的是图表中的最长路径，而图表中的另一条路径，即是经过建造和测试内部部件任务的那一条，比它缩短了两天。即使团队成员完成这些任务的时间比事先规定的时间多两天，也不会影响按计划完成车辆测试的任务。成员提前完成非关键路径中的活动，项目总的规划时间不会被缩短。这是为什么呢？因为是关键路径中的任务决定项目持续的时间。

PERT 图

有些项目经理利用 PERT 图代替甘特图来规划工作。PERT 是绩效评估技术(Performance Evaluation & Review Technique)的缩写。图 6—3 是菲尼克斯服务器安装项目的 PERT 图,这个项目在甘特图(见图 6—2)中也被描述过。PERT 图中的每一项任务用节点来表示,这个节点与其他节点即完成项目所必需的任务连接。一个 PERT 图可能有许多平行的或相互联系的任务,因此提倡对复杂的项目要定期进行检查。与甘特图不同的是,PERT 显示所有重要任务之间的相互关系和项目里程碑。(注意:PERT 图和网络图实际上是同义的。)

哪个规划工具更适合你的目标呢?最好的选择就是哪个用起来舒服就用哪个。不要因为他人在用或者由于它是最新的方法而你就用。认真考虑一下你喜欢如何开展工作?哪一种规划方法更符合你的工作习惯?

要评估哪一种方法最适合你,就要考虑你用于跟踪和规划工作的系统。你对这个系统满意吗?如果满意,这个系统有可能与跟踪和规划整个项目的方法相配。但记住一个系统的有效性取决于它能告知所有团队成员他们将要做什么,以及让他们始终意识到他们是更大团队中的一部分。

图 6—3 菲尼克斯项目的 PERT 图

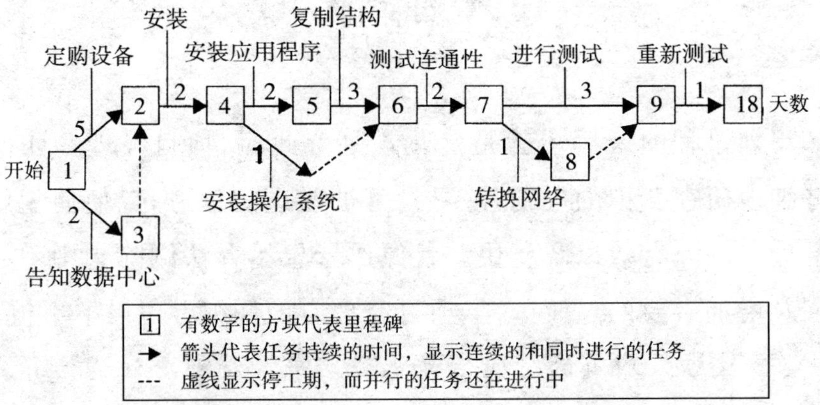

资料来源：Harvard ManageMentor® on Project Management (Boston: Harvard Business School Publishing, 2002),25。经许可使用。

草拟项目规划的提示

- 列出一份具体任务的目录
- 给每一个活动规定一个可交付的成果，例如，“市场测试的原型”。
- 把可交付的成果作为拟定一个包括实际阶段目标和预计日期的项目规划的基础。
- 识别导致延期的瓶颈。
- 确定消除瓶颈的方法或找到解决它的方法。
- 建立更新和修改规划的方案。
- 确保所有相关人士都参与项目，并确保让他们知道项目的进展和规划修改情况。

使规划最优化

规划过程的最后步骤是优化规划。此时,项目经理和团队需更仔细地研究草拟的规划,并寻找可被改进的地方,以便使规划更加准确、实际、有效以及更快。就像作者想尽办法删除句中不必要的词及增加必要的过渡一样,项目经理应该仔细考虑以下事项:

- **错误**。所有的时间估算都现实吗?特别要注意估算完成关键路径上的任务所需的时间,因为如果这些任务中的任何一个任务不能被按时完成,整个规划将会失效。另外还要评审任务之间的关系,你的规划是否反应这个事实:一些任务可以同时开始,而有些任务需要在其他任务完成或部分完成后才能开始。
- **疏忽**。是否一些任务或子任务没有被写入工作分解结构内?规划中是否遗漏了培训和维修的时间?
- **承担任务过多**。检查会使你发现,某些员工为了完成规划里分配给他们的任务,必须连续数月每天工作 10 至 12 小时。这种情况就好像给一台设备预定的产出实际上远远超过了它的生产能力。如果你发现某位员工承担任务过多,可把其中的一部分分给其他人员。
- **瓶颈**。瓶颈就是任何导致工作搁浅的任务。例如由于员工安装座位的速度不能跟上流水线运行的速度,这个汽车装配线不得不定期停止运转。处理这个问题的一般方法是:(1)改进安装座位的工作程序(也就是提高它的速度),(2)给任务增加资源,如增加更多的员工或更好的机器。

● **工作量的不平衡**。检查规划可能会发现某些团队成员被要求承担过多的工作,而某些成员被要求的工作量又非常少。平衡工作量可以使工作比规划估算的时间提前完成。

● **缩短时间表的机会**。关键路径上的任务决定着整个项目持续的时间,因此应认真考虑它们。通过给这些任务配置更多的资源,可能就会缩短完成它们所需的时间,就像处理以上介绍的瓶颈问题一样。这些资源也许可从非关键路径中获得,例如,如果有4个人承担一项任务,其中有4—5天的空闲时间,这时就可调动一些或全部4个人为关键路径上的任务工作几天。

利用规划软件

现有的许多软件包可以帮助你开发和管理你的规划。为了确定哪一个软件对你最好,可以听取用户的建议。然后再根据自己的工作习惯来确定某个软件是否非常适合。如果你不熟悉这个软件,就要把学会它的时间列入你个人的规划里。如果你能获得可靠的培训机会和程序技术支持,你就能掌握软件的应用。

当你知道如何充分利用规划软件时,你就会发现它是多么地有用。它能帮助你跟踪时间和任务以及绘制清晰而引人注意的规划图等等。它并不能提供所有的帮助,它不能查出你在合并规划时可能忽视的错误的时间估算或任务之间的依赖关系。因此在把任务输入软件之前，你应和另一位团队成员或相关人士一起认真检查规划中的每一项任务。你计划使用的任何项目规划软件应有下列功能：

- 处理甘特图和网络图的绘制和修改，还包括 PERT 图和关键路径的计算
- 在打印前提供在屏信息预览
- 提供规划和预算
- 将项目规划与日历整合在一起，允许规划中存在周末和节假日
- 设计针对应急规划和更新规划的不同方案
- 检查为个体和群体安排了过多时间的事

小　　结

- 确定了所有的任务和子任务后，就可检查任务之间的关系，以便确认哪些任务必须遵循一个特定顺序进行，哪些任务可以平行进行。
- 一个草拟的规划包括所有任务开始和完成的日期，确定任务持续时间并阐明任务之间的关系。
- 甘特图提供了一个有用的可视的项目状况：包括估算的项目和任务持续的时间，任务的顺序，但是它不能反映任务之间的

关系或关键路径。

● 关键路径是经过整个项目的最长的路径,它代表了整个项目持续的时间。

● 关键路径上的任何任务被拖延,都会影响到整个项目。

● PERT 图和网络图与甘特图具有同样的作用,但是它们还显示了关键路径和所有重要任务之间的依赖关系。

项目管理

7 调整与取舍

7 调整与取舍

更精确的调试

本章涵盖的关键话题

- 当项目的产出不能满足发起人和其他相关人士所有的期望时怎么办
- 挑战性的假设、最后期限、资源配置和规定的可交付成果
- 重新评估进度表，评估根本任务和任务分配

我们已经阐述过如何把复杂的项目分解成一系列易于处理的任务以及如何规划那些任务。这两个关键的项目活动有可能揭示章程里规定的目标与项目团队的可交付成果或交付时间之间的误差。例如，利用工作分解进度表，有可能揭示公司员工没有能力完成某种任务。另外，进度表也会显示这个项目不能在主要相关人士希望的时间框架内完成。面对这些误差，项目经理、发起人和团队成员必须作出调整和取舍。本章将讨论为了使一个项目与时间和技能等约束条件相匹配而可以采用的多种选择。

当项目与规划不匹配时

有些项目不能在发起人和关键相关人士最初期望的时间框架或预算内真正完成。工作分解结构和进度表能使这些问题浮出水面。项目经理应正视这些问题,把这些问题告知发起人和关键相关人士以引起他们的注意。参考下面的这个例子:

安东尼娅(Antonia)和她的项目团队刚刚完成最后一步,即优化规划。他们检查他们的工作分解结构,增加了一些在草拟规划时被漏掉的子任务。他们重新评估了完成每一项任务所需的时间,而且特别关注了关键路径上的那些任务。同时他们竭尽全力重新配置资源,以便使进度表尽可能地短和尽可能地实际,但是他们不可能使进度表与发起人期望完成的日期一致。

安东尼娅告诉她的团队:"我们有一个严重问题。为了大型微电子通讯贸易展览会(MicroCom Tradeshow),我们必须按时试制一个新型可植入的移动电话模型,这个展览会从今天起还有40周就要在休斯敦开幕了,但是按目前的进度,我们大约晚一个月。哈罗德(Harold)不会喜欢这种进度,并且卡拉(Carla)也会强烈反对。"

哈罗德是公司的技术副总监和这个开发项目的发起人,卡拉是营销副总裁。安东尼娅回忆了她最后与卡拉的会面。卡拉说:"对我们来说这是一个巨大的机遇,你能想象得到当高消费的人们对有可能不使用电话机却能在任何时间和任何地方打电话，而且没有人能听到他们的电话铃声的反应吗？把一个硬币大小的接收器/传送器植入人们的锁骨下，就可使人们无论是在大街上散步，还是在游泳池游泳，或者是坐在电影院里，都可以接听和自由自在地谈话。”

安东尼娅不得不告诉卡拉和哈罗德，她的团队不能按时为那个最重要的贸易展览会开发和测试这个可植入的电话样机。她还能做什么呢？

安东尼娅的情境是很常见的。项目的想法来自于许多方面：高层经理们头脑风暴后的会议、实验室的偶然发现以及市场威胁的出现等等。这些来源都能产生行动要求。如果没有其他因素的影响，作为高级管理者的项目发起人都是通过他们的经验来引导行动。他们发出命令并且期望下属完全服从，然而详细制定工作计划(工作分解结构和进度表)后，人们一定会发现被以行动为导向的高级管理者忽视的一些矛盾。发起人和其他主要相关人士的期望总是不能在最初规定的期限内被实现，尽管项目团队成员努力想去实现它。

出现这种情况该做些什么呢？在上面刚刚描述的例子里，安东尼娅应该对发起人哈罗德和主要关键相关人士卡拉说什么呢？

挑战假设

大部分项目是基于假设而形成的。完成这个项目可获得100万,不会比这个再多;参加项目的人数必须限制在25人;这个项目必须在明年3月之前完成;新产品不能大于15厘米×10厘米×4厘米。

这些数字和规格来自于哪里?一些也许来自于某人的想法,这些想法没有经过仔细考虑、测量或计算。当然,这些数字也不是发起人或任何一位主要相关人士通过应用先前提到的工作分解结构和进度表仔细推算出来的。让我们来仔细分析一下这些关键假设。

最后期限

先分析卡拉对试制可植入的移动电话模型规定的不变日期。根据卡拉的意思,它必须按时完成,以便能参加休斯敦的大型贸易展览会。但是如果这个产品没有在展览会上展出,这种新发明的产品就是失败的或者没有商业前景了吗?若它的主要客户是在休斯敦贸易展览会之后的两个月听到这个新产品,或者这种新产品是通过滚动的网页展示给他们,他们就不接受这种新产品了吗?微通讯电子贸易展览会是向公众介绍这种产品的唯一方法吗?这些问题必须回答。有一种可能就是卡拉的假设是未经检验的或是错误的。

可获得的资源

项目章程应该阐明这个项目可获得的资源。但是面临像安东尼娅那样的问题以及考虑到成果的重要性,项目经理、项目发起人和相关人士应该讨论为项目增加最初配置的人力和资金等等的可能性。为项目提供更多的资源有可能使进度表与相关人士的要求保持一致。例如,如果卡拉的销售和市场人员确实需要在贸易会上展出这种新产品,可以考虑采用策略:

- 给项目指派更多的员工,特别是给关键路径上的任务指派更多的员工。
- 把一项或多项任务外包给有资格的卖方或供应商。
- 若开发某些部件需增加进度表上的时间,就去购买它们而不要去制造。

决策者面临着取舍:把资源从一个组织活动转移到另一个组织活动。他们必须考虑这个情境并且确定用一种价值交换另外一种价值将会产生更好的总成果。

勇敢地面对取舍是项目管理的最普遍和最重要的挑战之一,许多经理没有掌握它。像卡拉那样的相关人士和像哈罗德那样的发起人经常要求满足他们那些不可能实现的需求,而当项目经理没有按时交付时,他们就会觉得很失望。当项目经理告诉他们:

"考虑到可获得的时间和资源,我能做 X 或者 Y。你们想要哪一个?"相关人士回答:"都要。"当这位项目经理不能那样做时,他或她就会受到责备。

解决这个问题的良药是让必要的取舍公开化,并且让相关人士参与取舍过程。事实上相关人士必须对他们的取舍负责任。

项目可交付的成果

解决时间进度表的第三个领域就是项目章程里描述的可交付的成果。那些可交付的成果可以是成品(例如,一座已能通车的桥),也可以是一项可以实施的计划(例如,为明年准备的完整市场计划),或者像在可植入的移动电话案例中的那样,是一个可工作的原型。无论可交付的成果是什么,在某种程度上它们的规格都可以协商,特别是如果发起人和主要相关人士不能或不愿放宽最终期限或不给目标提供更多资源时。

是否或怎样改变规格,当然完全视情境而定。在移动电话案例里,安东尼娅与哈罗德和卡拉讨论试制模型的要求,卡拉坚持要求 40 周后必须完成。

安东尼娅说:"我的团队已经修订了规划,我们认为我们能为休斯敦贸易展览会试制出可植入的移动电话。但是要实现这个目标,我们必须放宽一个章程里规定的规格。"

哈罗德问:"哪一个规格?"

她回答道:"微处理器的转换能力,如果你愿意使用一个具有移动电话的大部分基本功能的工作模型，也就是这个模型将不能使用最终产品规定的响应等待、语言邮件和呼叫者识别功能，我们就可以把总项目进度减少 5 周时间。这些让步可以让我们在贸易展览会上展出可工作的样机。利用已有的微处理器我们可以节省时间。”

哈罗德问卡拉：“这能满足你的目的吗？”

她回答道：“啊，这不理想，我们不能在休斯敦展示产品的所有功能。”

哈罗德打断道：“你说得对，但这种产品将会引起人们的关注，因为仅仅通过触摸锁骨就能接收一个电话，并且不用手操作就可以自由通话。这些就是这种产品的重大突破，任何人都不可能再询问其他功能了。”

卡拉让步道：“你也许是对的，我们可以展示包括在最初版本模型中的其他功能。”

安东尼娅说道：“好，如果你们能同意这样的可交付的成果，我可以实现你们的进度表。”

项目经理、关键相关人士和发起人围绕所描述的问题的讨论要求人们能确立优先考虑的事。交付日期是最应优先考虑的事吗？它对于最初制定的可交付的成果是次要的吗？如果为了完成这个项目需要更多的资源，那么从哪些活动中获取呢？讨论者们应该设法解决这些问题。

重新考察任务和时间

项目的最后期限、可获得的资源和可交付的成果等挑战性的假设提供了使项目适合规划的机会。在某些情况下，为了使二者更好地适合，有必要放宽一些限制，但是有时所有解决方法都不起作用，在这种情况下，项目团队必须重访最初的工作。它的含义是：

- **重新评估工作分解结构(WBS)**。WBS中列出的每一项任务或子任务都是必需的吗？去掉任何不必要的任务，只要去掉它们不危害项目。对完成这些任务所需时间的估算符合实际吗？有没有需要增加的？如果有任何夸大的成分，一定要把它们变得更符合实际。

- **重新评估你最初的任务分配**。目前承担每一项任务的人都是最好的选择吗？如果不是，尽力招募能把这些工作做得更快和更好的员工。这样做有可能激怒一些人，但是对你的项目按期完成是必要的。发起人的组织权力有助于使项目招募到具有高绩效的员工。当经理们企图阻止把最好的员工从日常的部门调走时，发起人的干预是必要的。

- **为了获得尽可能高的绩效重新调整资源**。你是不是没有把所有最好的员工和其他与项目有关的资源用在关键路径上？如果是，做一些细心的改动，然后重新估计完成这些主要任务所需的时间。你会发现这个调整已经改进了你的进度表。

● **提高关键任务完成的效率**。20 世纪 90 年代的商业业务流程再设计已显示出极为重要的作用：通过重新设计，许多任务完成得更快和更好。如申请银行贷款曾经需要 10 天，现在在服务质量没有任何降低的情况下，只需几个小时就能完成；客户定购的货物曾经需要几天去进行加工和包装，而现在在同一天就可以发货了。也许对项目关键路径上的任务有同样的改进机会。根据重新设计的观点，你曾经检查过那些任务吗？

理论上讲，这些做法都应包含在项目规划程序的最后一步：使规划最优化。但是如果这个步骤没有使进度与章程的要求保持一致，并且如果发起人不允许有任何调整，你将不得不果断地完成这项工作。

小　　结

● 如果显然一个项目不能按发起人的规定或不能按发起人规定的最终期限生产出可交付的成果，就要通过与他或她正面协商处理这个问题。不要忽视这个问题。

● 重访可交付的成果、最终期限要求以及项目资源等关键假设。通过调整这些假设有可能满足发起人和相关人士的期望。

● 重访工作分解结构和你的最初任务安排，以识别哪些步骤是不必要的，同时找出能把工作完成得更快和更好的机会。

项目管理

8 风险管理

8 风险管理

审视模糊的地带

本章涵盖的关键话题

- 识别并以轻重缓急顺序排列项目计划中的风险
- 避免或尽可能减少风险
- 拟定应急预案

每个项目计划里都包含有假设，如项目团队成员的任务绩效、完成关键任务所需的时间、将来可能获得的资源和盟友的合作等等。风险潜藏在这些假设里。如果研发室技术人员没有制造出一个可工作的原型怎么办？如果一个主要项目团队成员住进医院一个月或离开公司怎么办？如果你已经把一项重要的任务外包给一个供应商，他完成这个任务会比进度表晚了一个月，这个项目将受到怎样的影响？经理们每天处理类似这样的风险：

- **资金来源风险**。预见可能出现现金流转短缺的一位财务经理，利用以下方式来减少风险：提前收取应收款项；停止支出所有自由支配的资金；并且确保可以获得银行客户贷款的最高限额。

- **人力资源风险**。当获知一位主要员工杰克

(Jack)已经到其他公司面试了,他的上司正在寻找一位替代者。这位上司自问道:"如果明天需要的话,谁可以代替杰克的位置呢? 如果没有合适的人选,为了完成这项工作,我们内部最好的候选人要准备进行什么样的培训或具备什么样的经验呢?"

- **供给风险**。一个原始设备制造商的采购经理担心六个月后关键部件的供应可能会太困难,这时他可通过建造缓冲存货来减少这种风险。

- **质量风险**。房地产开发商把合同授予许多建筑承包商。从过去的经验知道,许多低成本投标人会利用最经济的方式在预算内完成工程,开发商在每一项合同里确立了质量规格并且定期地监督检查它们的遵循情况。

这些经理们应识别运作的风险并且采取措施降低这些风险。这样做是他们工作的一部分。作为一个项目经理或参加者,你也应该这样做。

什么是风险管理?

风险管理是项目计划编制的一部分,它识别关键风险并且拟定计划来阻止它们并且(或)降低它们的不利影响。在实际中有两类风险管理。风险管理类型1假设存在一定程度的洞察力,它希望能预见到可能危害计划或进度的变化。风险管理类型2承认不能预见某些不利变化。因此为这种风险无法制定意外事故的计划，唯一的补救就是建立一个强有力的管理框架，这个框架可以处理不可预期的事情，而且无论可能会发生什么事情。本章的焦点是风险管理类型 1，风险管理类型 2 将在下一章里详细阐述。

传统的风险管理认为类型 1 有三个基本目标：

1. 识别并以轻重缓急的顺序排列项目风险。

2. 采取行动避免或尽可能降低关键风险。

3. 拟定意外事故计划，以便处理潜在的挫折。

让我们思考这些目标中的每一个目标。

识别并且以轻重缓急的顺序排列项目风险

处理风险的最显而易见的方法是对项目中可能出问题的所有事情进行一个系统的审核。一个风险审核包括以下三个步骤：

1. 广泛收集想法。人们对风险的看法存在巨大差异。有些人可预见其他人完全没有意识到的危害。通过和许多人员的谈话，许多人员包括：项目团队成员、运营单位的员工或公司全体职员以及客户和供应商，你会获取一些惊人的信息。例如，一位供应商有可能告诉一位产品开发部的项目经理，他的竞争对手正在开发一个与他们开发的产品占有相同市场的产品，并且对手的开发好像比他们的更深入一步，因此对手有击败他而进入市场的好机会。

2. 识别内部风险。人员配备不足有可能是风险的来源。例如，一个关键人员的辞职，可能会导致一个重要项目的失败。未经过很好培训的质量控制员工代表了另一个内部风险的来源。他们不合规格的工作有可能最终让有缺陷的或危险的产品到达客户手里，这将导致成本昂贵的产品召回、诉讼以及公共关系的惨败。

3. 识别外部风险。一个外部风险可能来自一个正在出现的新技术，它可能使你的新生产线过时。一个即将来临的调整变化可能是另一个风险的来源。外部风险很多而且非常隐蔽，因此一些大的技术公司设立小的"企业情报"单位以便识别这些威胁。

当你进行风险审查时，要特别注意可能给你的项目带来巨大潜在损害的地方。这取决于项目的性质。这些地方可能包括健康和环境问题、技术崩溃、经济和市场波动以及与客户和供应商的关系。问问你自己，你的项目哪些地方最脆弱。然后考虑这些问题：在这些地方可能发生的最坏的事情是什么？最有可能露出水面的风险是什么？

量化风险的方法

你的风险审查有可能识别项目中的许多风险。当然有些风险比其他风险更大,也就是它们潜在的损害更大。同时,有些风险比其他风险更有可能发生。因此,你必须考虑风险的两个因素:潜在的负面影响和发生的可能性。你可以利用它们把你的审查风险清单按轻重缓急来进行排序。以下是审查风险的四个步骤:

1. 估计每个风险的负面影响,并用货币的形式把它们表示出来。例如,“延误一个月的成本将是＄25,000。”

2. 给风险发生的可能性赋值(0%至100%)。例如,“延误一个月的风险可能是40%。”

3. 用可能性乘以延误成本。例如:＄25,000×0.40= ＄10,000,统计学家把这个称为期望值。实际上,它是发生的可能性对货币影响的加权值。

4. 按期望值的高低顺序对风险清单进行排序。

一个排好顺序的风险清单有助于你看清面临的风险。

采取行动避免或尽可能降低风险

一旦你已经看清了情形并且识别了关键风险,你就有权去处理它们。在最严重的情况下,你可以改变项目范围以便规避组织没有准备好应对的风险,例如,一个香肠生产商害怕在生产和分销渠道中的细菌感染,可能会决定生产预先烹调过的和无菌包装的肉。在另一种情况下,项目经理会采取积极措施去阻止风险的全面来临,例如,如果你在关注一位关键项目成员布伦达(Brenda)有可能离开公司一事，你可以做以下几件事情以便消除风险或尽可能减少他的离开产生的影响：

- 确保布伦达在公司内看到有一个明显的和对他有吸引力的职业发展前景。
- 如果她离开公司，指派其他员工填充布伦达的位置。
- 不要让布伦达负责过多的重要任务，而应把重要任务分配给几个可靠的项目成员。这样做可以分散风险。

在你的审查里还会有其他风险，可以通过详细的计划使这些风险的产生降为最低。例如，如果客户对项目产出的新产品的某一方面的要求发生了改变，你可以通过项目计划来尽可能降低风险。参考下面的案例：

小发明环境改造公司(Gizmo Ergonomics Company)启动了一个推出一款新型的高价办公椅的项目。当这种产品被推向市场时，经过深入调查，项目团队确信至少有一种客户的要求在2年内不会改变，一个不确定的要求就是颜色。项目经理抱怨道："今年每一个人都喜欢黑色或灰色，而明年栗色又有可能是流行色，不可能预先知道哪种颜色会更受客户欢迎。"

这个项目的最大风险就是颜色的选择。小发明公司的员工通过把新椅子生产成四种或五种颜色来分散风险，期望其中的一种或两种颜色能迎合顾客的心理。但是那种策略将产生一个昂贵的存货问题并且没有完全规避颜色的风险。

最后，项目团队拟定了计划来摆脱颜色风险。他们利用意大利服装制造商 Benetton 的技巧，把颜色的选择放在设计和生产产品的最后一个阶段。制造部经理说:“我们制造并存储这些部件,而不给他们配任何纺织品,一旦我们接到一个订单,可根据顾客对颜色的要求,很快给椅子配上座套。实际上,我们没有成品库存。”

利用头脑风暴识别可能发生的事情

有很多不同职责和不同观点的人参加的头脑风暴会议通常是识别风险并找到尽可能降低风险的有效方法。这样的头脑风暴会议是很有效果的,因为单独一个人是不能预见一个项目——特别是大项目——将要出现的许多问题的。利用头脑风暴列出一个严重风险清单,然后把相似的风险归成易于处理的组并尽力识别导致那些风险的根本要素。例如,办公椅子制造商的风险要素就是顾客对产品颜色的选择。一旦你掌握了风险的来源,你就处于一个能完全控制它们的有利地位。

拟定应急预案以便处理潜在的挫折

一些风险不能被规避,一些风险可以被降低,但只能是部分降低。为了处理这些不可规避和不能控制的风险,应该拟定应急预案。一个应急预案是为了处理潜在的问题而提前准备的行动过程;它回答这个问题:“如果____发生,我们将采取什么措施去消除它或尽可能降低它带来的危害呢?”下面有两个关于项目应急预案的例子:

● 顶点(Acme)公司设立了一个使生产设备现代化的两年期项目。高层管理者认为两年的最终期限极为重要,并确定真正的风险就是项目可能不能如期完成。发起人同意建立一个准备基金,如果项目落在规划之后,可以利用这个基金来聘请外部人员来协助完成这个项目。这个应急预案包括一个每月进度检查;还有一个有关如果落后进度表三周或更多周,就动用准备基金的规定;另外还指派两位经理负责确定能支持这个项目的三个以上的供应商。

● TechoWhiz 有限公司的软件项目团队正在开发新版的完整业务申请组合软件。这套软件包括所有的铃声和哨声以及它们与互联网的完美链接。因为不想错过通告发布的日期和昂贵的市场展示,这个团队拟定了一个应急预案来处理任何不能完成和不能完成可能性非常高的程序单元。这种应急预案非常直接:正式发布时,任何没有调试好的软件功能将在未来的某一个时间内,以可下载的附加软件的形式提供给所有新版注册的用户。开发附加软件的员工被事先指定好,同时配给与工作量相当的预算。

一个应急预案的真正益处是它能使项目和它的公司快速而有效地作好处理不利情形的准备。当灾难出现时,经理和项目成员根据计划可以立即行动;他们不用花许多星期来考虑他们应该怎么办以及怎样找到处理新情况的资金。做什么和如何做的答案都已经包括在预案里了。

已经识别你的项目的风险了吗?哪一种风险更有可能发生?为了处理它们已经拟定应急预案了吗?

安排人员负责严重风险并管理它们

正像项目规划里的每一项任务都应该有一位负责人一样，每一个关键风险也应该由专人负责。那个人应该跟踪指定的风险，如果潜在问题正在转向实际问题，他应该发出警告并且对结果负责。

小　　结

- 风险管理能识别关键风险并拟定计划来阻止它们和（或）降低它们的不利影响。
- 风险审查能识别可能出问题的事情。
- 有很多不同职责和不同观点的人参加的头脑风暴会议通常是风险审查的最好方式。
- 为不能规避或不能大幅降低的重要风险拟定应急预案。

9 量身定做的项目管理

9 量身定做的项目管理

处理预想不到的事情

本章涵盖的关键话题

- 项目不可预测风险的三个来源
- 预算和最终期限管理的僵化如何导致灾难性的后果
- 量身定做的管理模型以及何时应用

在战争中，初始的战斗计划随着第一次遭遇战就开始土崩瓦解，战士们被迫进行未经计划或不可预测的移动。随着事件的结束，挑战和机会就会显露出来。大而复杂的项目，甚至是经过周密计划的项目，与此极为类似。例如：即使项目团队努力工作，客户的要求还是会变化，团队会发现客户需求是一个不断变化的目标；在执行项目计划的过程中，会遇到更好的机会，可以给客户带来更大的价值；项目原型通向死胡同或暴露出需要更多的开发；这个团队的一位关键顾问被拉去为另一个客户服务一个月；在项目工作人员试图安装设备时，他们正在学习一项新技术及其他的性能。

在以上的例子中，无论项目参与者最初如何准备项目，项目的发展都有不能预期的地方。前面我们解释了风险管理的传统形式，它包括可预测的风险和可以通过规避以及意外事故计划解决的风险。这里我们关注不可预测的风险。例如，在原型里很难理解风险和各种可能性，只有当你实际遇到时才会发现。设想一个大型的信息技术安装工程，项目团队正在处理还未完全掌握的新技术，由于技术是全新的，客户不能正确地表达他们所要求的目标。此时项目的进展被僵局、失望情绪和有价值的发现等打断。

传统的项目管理框架并不能有效地处理难以预测的风险。在前面章节里介绍的工具：工作分解结构、时间评估和规划方法，它们确实有效，特别是当项目人员熟悉这些任务和其必须应用的技术，并且结果能得到很好的评价时。正如本文作者和哈佛商学院教授罗伯特·奥斯汀所讲："当项目能按最初计划如期展开的概率很大时；当项目执行时很少发生未预期的事件时；当事先规划好意外事故处理方案时；传统的项目管理方法更有效。换句话说：当几乎没有规划者没有预见到的事真正发生时，传统的项目管理方法更有效。"[1] 他以建造建筑物为例，潜在的问题范围常常可以预期并且可以预先制定解决方案。但是，当不确定性很高时，传统项目管理工具的用处就会降低，因此量身定做式的项目管理就成为必需。

本章提供了实用的处理难以预测的风险的建议，即随着项目展开、新的发现和未预测到的问题和机遇的出现，（应该）如何准备去适应和学习。

不可预测风险的来源和影响

项目经理不能预测的风险一般有以下三个来源：

1. 新的和未知的技术(例如,全新的企业软件的开发和安装)

2. 项目计划者和执行团队没有经验的工作(例如,惯于使用金属片的汽车车体设计师转向使用耐冲击塑料)

3. 项目大小(例如,一个没有建造过高于4层建筑的建筑师和建筑承包商承接50层的建筑)

来自这些风险所造成的结果会在项目执行阶段大量遇到。这些风险可能在项目成本、进度和结果方面带来严重的后果。例如,波士顿声名狼藉的大挖(Big Dig)公路项目的经理们被迫透露,2001年这个风险项目超出预算几十亿美元,并且比计划晚了一年以上的时间。另一个例子中,一个主要的金融服务公司在新IT产业系统投资几亿美元,却未得到任何利润,这个项目完全亏损。

信息技术项目的风险

信息技术项目依赖于新技术和广泛的组织范围,因此特别容易受不可预期风险的影响。诸多证据表明,超过50%的项目完全失败。在其风险描述方面,三位哈佛商学院教授采用这样的说法:

> 尽管在管理信息技术项目方面已经积累了40年的经验,重要的IT项目也难逃一劫。为什么?经过案例分析和十余年的研究,发现3个严重缺陷……:(1)在资助项目时未进行项目的执行风险评估,(2)未考虑一组投资的总的执行风险,(3)未认识到不同的项目需要不同的管理方法。[a]

[a] Lynda M. Applegate, Robert D. Austin and E. Warren McFarlan, *Corporate Information Strategy and Management*, 6th ed. (Burr Ridge, IL: McGraw-Hill/Irwin, 2003), 269-270.

另一个应用传统项目管理的后果是在极不确定的情况下,即事情最容易出错的时候,项目参加者对问题保持沉默的倾向。由于准时和进度太重要，以致一些人员害怕面对不可避免的预算、进度和技术障碍问题的真相。承认一个问题就等于承认一个人的失败。你总是能听到资助人说：“在项目刚开始时，你同意如果你有30万美元预算和一个5人团队，你用6个月就可以完成工作。但为什么现在工作还没有完成呢？”

许多人只是忽略这些问题，而寄希望于最终会出现一个突破或好运气来帮助自己完成项目，但这种事永远不会发生。其他人则指望着问题和后果不会马上暴露，或者他们个人与问题的关系不为人所知。例如，软件开发人员可能会抄捷径，因为非专业的经理人员不会在追查复杂的系统问题时追查到它们的来源。[2] 在一个有关美国三大汽车制造商之一的案例中，在三年内，一个涉及几十亿美元的新的车辆平台项目需要在高层领导的巨大压力下按时完成。该公司的工程师和设计师正在尝试他们从未做过的事情：推出一款能够与日本竞争者匹敌的小型轿车。当项目进入最后阶段，一线作业的员工非常清楚新车有重大问题，但是没有人愿意承认问题，因为高层管理人员不能容忍任何坏消息。因此这种新型车带着各种缺陷，从一个开发阶段推进到下一阶段。例如，当车没有通过低温启动测试时，有人捏造了数字，使其得到通过的分值；当试制模型到室外场地进行路测时，工程师们改变了汽化器并在油箱中加进了特殊的燃油。没有这些措施，该车无法完成路测。管理者们对车辆存在的问题毫无概念，这样的车一旦进入市场毫无疑问是灾难性的。

另一个类似案例与美国一家主要的制造商有关。数百万美元IT项目的执行经理们故意对系统分析员发现的重大技术问题保持沉默。系统分析师说:“这样不行,必须改变计划。”项目经理们不想让任何人听到这些话。毕竟是他们制定的这个计划,并且必须执行下去。最终,由于他们没有听从分析师的警告,即没有按照实际情况调整计划,结果给公司带来几百万美元的损失。

如果人们不是死守计划不变,这些公司经历的灾难是可以避免或减轻的。在你的组织中,当项目遇到严重和未预测到的问题时会发生什么呢?

量身定做的管理方法

你的项目目标或其执行隐藏着不确定性吗?它是基于你的团队不熟悉的新技术或者新材料吗?这些任务与你的团队过去处理过的事情有何不同之处?这个项目比你经历过的其他项目都大吗?

如果你对这些问题中的一个或更多的回答是肯定的,那么传统的管理工具——工作分解结构、时间评估和规划方法可能不是最佳的。你需要考虑一个更具适应性的方法。

项目管理的传统模式是基于线性的活动进程:定义和组织、计划和安排工作、管理执行和收尾。(参见图 1—1。)反馈回路为学习提供机会以便给模型填充不同的成分。但是,这个模型在底部是线性的;有一个固有的假设是项目计划者知道需要做什么,花费多少成本以及需要多少时间。这个传统模型对于许多项目是起作用的,但是对于那些具有高度不确定性的项目来说几乎没有任何帮助。对于这些例外的案例可以应用什么方法呢?

在大型 IT 执行项目的研究中,Lynda Applegate, Robert Austin 和 Warren Mcfarlan 发现一些公司,如著名的 Cisco 系统公司和 Tektronix 公司,利用以下的量身定做式项目管理模型已经享受到成功的乐趣。[3]

1. 反复接触任务。成员们逐渐少量地增加任务。对这些任务的结果进行评估和调整,从而不断前进。

2. 有快速的周期。周期过长会干扰反复的途径。

3. 强调尽早的价值交付。不在项目结束时交付价值,而是提前交付并且分散成更小的可交付的成果。这有助于反馈和把学习结合到随后的活动里。

4. 给项目安排能学习并能适应的人员。有些人学习比其他人更快并且更能适应变化。

5. 尽量不依赖预测性的决策工具。只有当未来现金流可以预测时,投资回报、净现值和内部回报率才是有用的决策工具,但对于高度不确定性的项目就不适合了。

Cisco 将其项目方法称为"快速重复法"。许多任务被视为探索性的行为,即为今后的步骤积累经验。这个策略类似于"便宜的排除法"(cheap kills)的概念,研发人员利用此方法以低成本快速地对多种可能性进行排序。当没有合适的解决方法时,他们做大量简单试验以便把有希望的和无希望的选择分开。即使是失败的试验也能提供哪些行得通、哪些行不通的启示。这种试验性的、量身定做的方法必须由一个具有好奇心的、乐于学习和希望每一步都学以致用的项目团队来实行才能奏效。

快速重复法——19 世纪的潮流

就我们所知，美国发明的偶像，托马斯·A. 爱迪生(Thomas A. Edison)从未使用过“便宜的排除法”的表达。而且他也肯定从未听过“快速重复法”这个术语。然而，他确实做过这两种事情。

1878 年，爱迪生急切地投入开发第一个实用白炽灯的竞争。尽管许多人已经进入到这个领域，但是他推测他有获胜的希望。

爱迪生知道，他的竞争对手也知道，电流通过一条电线或某些导电的细丝可以发出亮光。他也知道更高的电压会使灯丝发出更亮的光，但是这也会使灯丝更快地烧断。因此关键在于发现一种能明亮发光并且不会很快烧断的灯丝材料。

应该尝试什么材料？再多的超前计划也不能回答这个基本的问题。所以爱迪生和他的“失眠小组”的助手们(这样称呼是因为他们的老板过分要求工作时间)开始一系列的排除。他们在真空中试验成千种的灯丝——铬丝、铝丝、不同方式卷的纸和其他材料。他们最后发现了一种很好的材料——碳化棉线。

爱迪生击败了许多专利局的竞争对手，他的排除法实践，或称为快速重复法，使他的发明成为可能。

资料来源：James M. Utterback, *Mastering the Dynamics of Innovation* (Boston: Harvard Business School Publishing, 1994), 58-62。经许可使用。

量身定做法为项目发起人提供了一个新的角色。在传统的模型中，发起人会说：“这是我想要的，想办法实现这个目标，我将为你的项目提供 200 万美元的预算和 18 位人员。”在《科学的下一个浪潮》(*Science's Next Wave*)里，罗伯特·奥斯汀提出一个不同的方法，一种与风险资本家使用的方法更接近的方法。他注意到，风险资本家很少在工作开始时给企业家大量现金，相反，企业伙伴生产出结果后，资本家们才履行他们的承诺。[4] 例如，如果企业家计划建立一家软件公司，开发具有突破性的应用软件，资本家仅为项目提供推进到下一个阶段的资金。如果成功地到达了那个阶段，资本家将调查进展并且设立第二步骤的目标。刚刚完成的步骤的结果为风险资本家提供了新的信息，如果前景看好，他们将继续资助下一个阶段。

资本家预付资金来调查和获得反馈，即购买消息、进行学习和减少不确定性。每次投资都给他提供了是否继续玩下去的选择——如果有戏的话！实际上，金融家通过付钱来保持他们的选择权，以便能做更多的事情。

在这个量身定做的模型里，通过一系列的学习经历使关键项目向前推进，如图 9—1 所示。

图 9—1　量身定做的项目管理模型

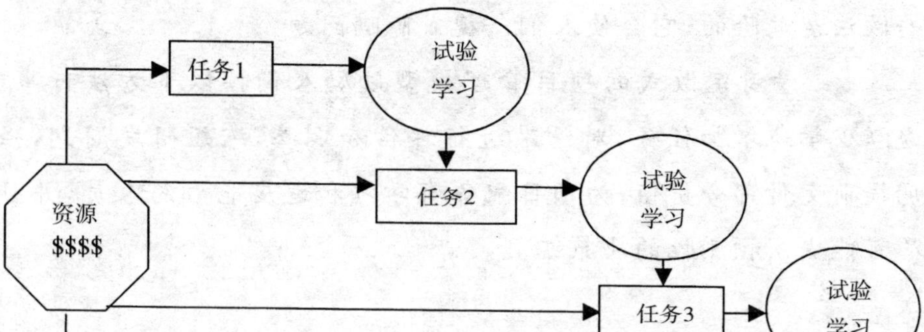

量身定做模型不能应用于所有项目，但是当计划或执行的不确定性很高时，即当项目的风险不可预测或潜在的成果范围太广时，这个方法是可取的。你目前的项目具有怎样的不确定性？你们公司愿意使用适应性方法吗？你呢？

小　结

- 当不可预测的风险水准很高时，传统的项目模型就非常不适合了。
- 不可预测的风险通常有三个主要来源：新的和未知的技术；一种新的工作；一个项目的规模远远超过团队经历过的所有项目。
- 当不确定性很高时，坚持严格执行预算或最终交付日期的做法是危险的；它会使人们忽视或隐瞒问题。
- 量身定做式的项目管理模型鼓励人们按以下方法行事：逐渐少量地增加任务，对结果进行评估和调整，缩短研发周期，强调提前交付部分价值，为项目配备有学习和适应能力的人员，并且尽可能少用预测性的决策工具。

10 顺利地启动

10 顺利地启动

把项目牢记在心

本章涵盖的关键话题

- 项目动员大会的重要性和应该讲什么
- 鼓励项目团队成员之间合作和信任的综合机制
- 团队行为规范

项目顺利的开始增大了项目成功的可能性。项目计划、正式章程、工作分解结构、详细的日程计划和风险管理都是成功过程的一部分。虽然还有更多的内容,但本章以这些内容为主。

一旦一个团队形成,在开始工作之前必须完成章程制定、工作规划和其他一些重要事情。首先,项目需要一个开始,一个特殊的可以标志项目工作正式启动的事件;第二,项目经理必须参加与团队工作相关的许多重要会议。从根本上说,项目管理就是领导团队。的确,团队工作是每一个项目的核心。最后,必须制定能使大家合作和使团队工作成为可能的行为规范,并且与所有的参加者进行充分沟通。

动员会的重要性

项目的正式启动代表了项目的第一个里程碑。它告诉每个人,“我们开始这段征途,现在开始。”如果操作恰当,启动仪式具有巨大的象征意义。

启动一个项目最好的方法就是召开一个具有一定严肃性和煽动性的全体会议。显而易见,在项目动员会召开之前,项目经理、发起人和关键成员已经进行了大量讨论和计划。但是这些非正式聚会不能取代所有成员、发起人和关键相关人士共同参加的面对面会议。如果合适的话,该组织的最高级官员也应参加。

亲自出席这个会议会产生巨大的心理影响,特别是对于成员所处地理位置分散的团队,成员们将来可能很少有机会聚集在一起开会。在项目漫长旅程的开始,大家相聚和在个人层面上的相互了解有助于建立互信并增强参加者对团队和项目重要性的认同。一个从未在某个地方亲自见过其他团队成员的人,很难想象他会被认为是有共同目标的团队的一员。由于地理位置的原因导致某人不能参加动员会时,应想尽一切办法,可以通过视频会议或至少电话会议来提供一个虚拟的出席机会。

发起人一定要出席动员会。他或她的出席及其行为直接反映了项目所要完成的使命重要或不重要。正如专家乔恩·卡岑巴赫(Jon Katzenbach)和道格拉斯·史密斯(Douglas Smith)所描述的:

潜在的团队首次集会时，每一个人都关注着其他人所给出的信号以确定、怀疑或消除猜想和顾虑。他们尤其关注负责人：团队领导和任何建立、监督或能影响团队的行政官员。而且领导们所做的总是比他们所说的更重要。如果一位高级行政官员在会议开始后10分钟接到一个电话，并且离开后没有返回时，人们就会得到这样的信息：他觉得这个项目无关紧要。[1]

以下是在项目正式动员会上应该完成的任务：

- 要非常清楚地知道谁是项目团队成员。如果团队不太大，应该确认每位成员的名字。可能有核心成员，也有在有限的时间或以有限的方式参与的外围人员。但是他们都是项目成员。关于这点不能有丝毫含糊。应该欢迎所有为项目作贡献的人参加动员会。
- 解释项目章程及其内容。负责人或项目经理应该解释章程中记录的项目目标、需完成的可交付的成果和时间表。
- 对章程达成一致的理解。因为负责人解释了目标、可交付的成果等，但不能保证每位团队成员都能以同样的方式解释这些章程。鼓励大家讨论章程，以使大家达成一致。
- 发起人应该解释项目工作为何重要，项目目标如何与组织的更大目标保持一致。人们需要知道他们自己是重要结果和组织的一部分；否则，他们不会竭尽全力。这个讨论的目的是满足上述需要。
- 描述团队可获得的资源和团队人员有可能接触的非团队成员。这个群体可能包括其他公司的职员、合伙人的职员、供应商或客户。

- 描述团队的激励机制。如果团队实现了目标或超越了目标，除了正常的补偿外，成员们还将获得什么？

- 做介绍。除非组员之间相互了解对方及其专业特长，否则就利用动员会作为个人相互介绍的机会。如果这个团队规模合理，要求参加者们介绍他们自己，讲一讲他们的背景和专长，并且解释他们希望能为项目贡献什么。

在动员会结束时，成员应该有一个明确的方向，了解团队目标对于组织的重要性，如何检验成功，以及如何奖赏他们的努力工作。他们应该知道谁是团队成员，每一位成员能贡献什么。并且他们应该开始把他们自己看成是实际团队的成员。对于一个共同目标的归属感和贡献，仅能通过时间和经验分享来获得，但尽管如此，应该在动员会上播下种子。

创建综合机制

简单地让人们参加一个动员会，给他们一个集体目标，发一件印有团队名称和标识的免费 T 恤衫，这样只是创建了一个名义上的团队。有效的项目团队是通过集体活动创建的：共同工作、分享创意、权衡重要决策和进行信息交流。一个项目经理能够通过综合机制来推动这些团队建设活动。

综合机制包括定期的规划会议和利用业务简报、项目网站、团队成员共处一地等方式建立起来的沟通联系。远距离的社会活动也可能是一个建立团队认同和增强群体凝聚力的有效策略。实际上，这些机制中的每一个都在鼓励人们与其他人进行交流，在个人层面上相互了解，分享看法，分析和批判性地讨论可供选择的策略，并且建立信任和友谊的纽带。这些可使基于团队的工作能激发人的工作热情并变得有效率。

你的项目正在使用什么样的综合机制？

建立行为规范

通过一次聚会就把所有人员变成一个有效的项目团队是不可能的。每个人对待工作都有各自的议程。许多人把他们的新队友看成晋升、获得认可和奖励中的竞争对手。还有些人可能对同自己安排在一起工作的人员满怀个人嫉妒。并且总是有一个或两个人缺乏团队工作要求的社交技能。

个人议程、内部竞争、妒忌和缺乏社交技能会在每一个团队里不同程度地存在；如果这些得不到遏制或压制，就有可能破坏项目的有效性。你也许花费了很大力气给团队带来的多样化的专长和工作风格也有可能使合作变得更难。例如，技术专家可能讲一些不熟悉的行话，这使他们与队友拉开距离。人们不相信他们不熟悉的东西。

管理这些问题的最好方法之一就是制定清晰的适用于所有人

的行为规范。正如乔恩·卡岑巴赫和道格拉斯·史密斯在《团队智慧》(*The Wisdom of Teams*)——一本关于团队工作的畅销书中所描绘的,最关键的规则涉及:

- **出席**。团队成员和领导者必须明白,如果个别成员没有参加会议或协调会,团队就不能作决策和完成工作。如果你是领导,人们将以你为例,如果你习惯性地迟到或缺勤,他们也会效仿你的行为。

- **打断**。在会议和工作讨论期间,需要关掉手机。在团队开会时接听一个电话,表示这个通话比团队正在进行的事更重要。而且要明确开会期间不能打断别人的讲话,每个人都有讲话的权力。

- **没有不可更改的问题**。承认任何问题都可以更改。例如,如果流程再造团队知道改动会带来某个行政官员的不满,其成员们不应担心或犹豫是否讨论这个问题。由于行政官员可能的反对而躲避问题会显示出团队及其努力是无意义的。

- **建设性的批评**。解决问题必定会产生竞争性的方案。解决方案的获胜者必须明白他们有权提出自己的观点,但禁止通过欺骗或隐瞒相关数据来损害他人的观点。团队成员也必须学会如何用建设性的方式提出不同意见。

- **机密性**。某些团队问题必定是敏感的。因此除非团队成员确信他们在团队内谈的问题不会传到外面,否则就不能随意谈论。

- **行动导向**。团队不要召开那些只是空谈而没有任何收获的会议。开会的目的是行动并产生结果。在一开始就要明确这个问题。用 Katzenbach 和 Smith 的话来说就是一个以行动为导向的团队就是“每个人干实事”和“每个人都得到任务并去做”。[2]

你的团队的行为规范是什么呢？这取决于小组的目的和成员们的个性。但可以肯定的是，任何有效率的规范都应该清晰而简洁，应该包括以下基本内容：尊重所有的成员，承诺积极的倾听，理解如何表达关注和处理冲突。

为了保证创意的自由交流，有些小组会更进一步——例如，明确任何人有权不同意其他人的看法。他们还要采取具体的措施：

- 支持适度的冒险；
- 建立承认和处理失败的程序；
- 鼓励个人表达；
- 鼓励幽默的态度。

无论你的群体采用何种规范，确保所有成员都参与规范的制定——并且每个人都同意遵守。成员的参与和接受有助于防止未来可能发生的问题。同时，要知道即使在团队项目开始时已经对方针进行了清楚的讨论，在难以预期的事情发生时也要有某种规范。例如，在团队最初会议期间有些人的自尊心受到伤害，你会观察到在以后的交流中，受影响的人们之间有微妙的敌意。通过放马后炮、恶意批评、挖苦和其他阻碍行为可以证明他们的敌意情绪。作为一个领导者或团队成员，你不应该鼓励那些行为，并要提醒大家相互尊敬、公开讨论、相互合作的行为是团队期望的规范。

小　　结

● 利用全体会议来启动项目。每个人都参加这个会议,包括发起人。在会议期间,解释章程。强调团队目标的重要性以及如何符合更大的组织目标。

● 综合机制有助于把一群人转变为一个真正的团队。定期会议、通讯联系、物理位置上的共处一地和社交活动等是建立团队认可、凝聚力和合作的有效机制。

● 通过建立行为规范并获得项目成员的认可,可以消除对立行为和充分利用个人差异。准时参加会议,按计划完成任务,当队友需要时提供帮助,建设性地批评,尊重不同意见,这些都是积极的行为规范。

11 保持正常运作

11 保持正常运作

控制局面

本章涵盖的关键话题

- 利用预算、质量检查和里程碑来监督和控制工作
- 充分利用冲突
- 鼓励人们合作
- 沟通进展和可能性
- 处理问题

项目经理和项目团队领导者所关注的许多事情和其他情境下的经理们所关心的一样：通过人员和其他资源获得成果。为了实现他们的目标，经理们和领导们必须不断地激励员工和锁定目标，斡旋于上级和下级员工之间，并且作出决策。同时，他们也必须监督和控制计划、预算和质量标准；处理员工的问题；不断地促进沟通。

这听起来像一个很繁重的工作，的确是！本章描述了项目经理在项目生命周期的第三个阶段即管理执行期必须做什么，重点是这个阶段项目经理的三个关键职责。

项目监督与控制

在某些方面，项目经理就像你家里监控温度的恒温器。想一想恒温器是怎样工作的。它总是不断地感应室内的温度。如果它感应到的空气温度在已设定的温度范围内，如摄氏 21 到 22 度，它会认为一切正常并且保持初始状态。如果它感应温度超出了要求的范围，它就会有所反应。如果温度太高，恒温器就指示空调系统开始工作；如果温度太低，他就指示加热系统打开。恒温器持续监控温度，并且一旦室内温度回落到设定范围，它又会发出另一项指令，告诉空调或暖器停止工作。

管理人员是与此相似的传感器，他们监督他们控制下的活动：利用预算衡量相对于设定目标的支出的进度；通过检验产出质量来检测工作程序运作是否正常；利用定期的里程碑来确保按规划完成任务。让我们来分析每一个监控机制。

预算

先前我们阐述过建立预算的基本内容。在这里我们将解释如何利用预算监督项目运作。通过把一个规定时间的实际结果与预算进行比较就可以实现监督。如果评估显示项目支出与目标一致，实际的结果与预算期望的结果相匹配，那么就不需要调整。然而,如果实际结果与期望的结果不相匹配,那么简单地说,项目经理必须予以纠正。例如,如果你的团队期望在 7 月向外部顾问支付 2.4 万美元,但是你发现实际支付达到了 3 万美元,你需要调查产生差异的原因并且尽可能纠正这种情况。

实际结果与预算期望的结果之间的差值叫做偏差。当实际结果比预期好时偏差是有利的(正值),当实际结果比预期更差时,偏差是不利的(负值)。在表 11—1 中我们可以看到正负偏差。

表 11—1　月份项目预算报告:7 月

项目支付类别	实际结果	预算值	偏差
供应	$2,500	$2,000	+500;有利
外面顾问	$30,000	$24,000	-6,000;不利
旅行	$9,000	$7,700	+1,300;有利

监督预算的提示

当监督发现实际成本与预算不符时,此时要注意这种情况,因为它们可能使你的项目超出预算:

- 长期项目中的通货膨胀
- 汇率的不利变化
- 没有从供应商和承包人处得到固定的价格
- 没有计划的人事成本,包括为保证项目按时完成而进行的加班
- 未预期到的培训成本和咨询费用

资料来源:Harvard ManageMentor® on Project Management。

如果监督发现了不利的预算偏差,你应该怎么办?一种方法

是希望策略，即希望偏差仅仅是一个随机背离，这种背离将来不会重复。聪明的经理不会依靠这个策略。一个预算的超支，即使是程度适中，也可能暗示有一个潜在的问题，如果放任不管，问题会变得越来越严重。所以当你看见一个明显的预算偏差时，就进行调查。为什么会出现这个问题？它还会重复发生吗？需要采用什么方法改正它？因为问题是你提出的，因此不要自己去改正它，而是让一个最熟悉这个问题的人员来改正。

质量检查

质量检查是保持项目正常运作的另一种方法。正像它们需要正常工作过程一样，质量检查在每一个项目中起着重要作用。在进行质量检查时，项目经理在恰当时候检查一部分工作，以确保它们与规格保持一致。例如，如果项目是建立一个新的电子商务网站，在开发软件系统时，项目经理可以要求测试软件系统的成分，以确保它们的功能与计划中的一致。她不应等到项目结束后再进行检测，到那时，维修任何不合规格的工作都将需要大量时间和货币成本。

定期的质量检查就像室内的温度计，能显示不合规格的状态。一旦这些问题被识别，项目团队就能找到它们产生的原因，并且在最初阶段修复产生这些问题的程序。这种监督和改正行为可以确保后续任务的产出符合质量标准，从而保持项目正常运作。

里程碑

早期的旅行者们在沿路遇见的石头上有策略地刻上字，以此来估算他们的进程。“剑桥：17 英里，”有人会看见的。说英语的国家把这些石头称为“英里石”（milestones），即里程碑。我们利用比喻的里程碑来标记我们生活中的阶段：从中学或大学毕业、结婚、事业初成以及生日等等。项目把重要事件作为里程碑来提醒人们他们已经走了多远和他们必须再走多远。这些重要事件可能就是关键路径必须完成的关键任务。以下举几个例子：

- 发起人接受了一套完整的针对新服务的客户要求
- 成功地测试一个产品原型
- 安装和成功地测试一件关键的设备
- 成品的部件交付给仓库
- 最后的里程碑：项目完成

在项目规划中，里程碑应该是最重要的部分并且被用来监督进展。当需要庆祝时，它们也被用来作为庆祝进展的时机。如有些团队举行一个集体午餐或进行一次体育比赛来表示对里程碑的认可。

严格来讲，规划中的每一项任务都代表一个里程碑，但是有轻重之分。更重要的里程碑会对团队成员产生更大的心理影响。利用它们可以重振参加者的士气，分享令人鼓舞的话语，如“现在我们已经接近完成网站的规格，让我们坚持这个速度并且按时完成这个项目”。

建立一个合适的监督/控制系统

预算、质量检查和里程碑是基本的监控工具，它们已被广泛应用在项目管理上。但是还有应用于特殊情境的其他策略。你知道它们是什么吗？如果你不知道，下面的一些建议供你选择和利用：

- **关注什么是重要的**。你需要持续地提这类问题：对于组织什么是重要的？我们企图做什么？这个项目哪一部分是最需跟踪和控制的？需要控制的实质地方是哪儿？
- **把改正行动纳入系统**。你的控制系统，就像我们最初例子里的恒温器，应该强调反应。如果控制数据没有引起反应，那么你的系统是没有用的。你的系统必须利用信息进行改正；否则，你所做的一切只是监督而没有执行控制。如果质量低于标准，就应成立一个特别小组去查明原因并且改正这个问题。如果任何一个项目团队落后于规划进度，就这样做试试。然而，要小心控制别陷入微观管理。鼓励与问题接触最密切的员工去改正问题。
- **强调及时的反应**。信息的快速接收有助于你的反应。从理论上来说，你需要实时信息。然而在大多数情况下，每周更新一次就足够了。

小心任务出格

在整个项目当中都要提防任务出格，如无意间迫于压力去承担比原来规定的还要多的任务。当你明白每一位相关人士对成功的定义时，你就会感觉到压力而去完成更多任务。不要投入去解决超过你项目范围的问题，即使是你的公司需要处理的合法的或紧急的问题。例如你组织一个开发和改进汽车排气系统的项目，你就不应该把目标转移到开发更有效的前灯上去。那是不同的工作，需要不同的配套技术。切记：在中途改变项目目标是正常的，但是要清醒地行动，不要无意识地行动，只有当你确认所有相关人士满意新目标时才能改动目标。

没有一个控制系统可以适合所有的项目。一个适合大型项目的控制系统会由于大量文书工作使小公司陷入困境，而适合小项目的系统又没有足够的力量控制大项目。所以要找到一个适合你的项目控制系统。

处理人际关系问题

快速浏览最畅销的项目管理图书，你会得到一个印象就是最多的主题是任务分析、测试技术、规划方法、利用软件策划和保持进展，然而那种印象是错误的。的确，本书和其他的书中所提供的技术都是非常有用的。但员工，特别是在团队里工作的员工，才是项目工作的核心。他们一起工作和解决问题，分享信息并共同承担成功和失败的责任，这些比机械的技能更为重要。

对项目管理很重要的人际关系的问题是广泛的，也是致力于团队管理方面的图书和培训课程阐述得最清楚的内容。不过，这里还是要陈述两个关键的人际关系问题：冲突和合作。它们对保持项目正常运作是非常重要的。

控制冲突

项目经理所要面对的最棘手的人际关系问题之一是团队成员之间的冲突问题。从一个组织中的不同部门把许多员工拉到一起来完成一项任务，这为冲突的产生提供了一个机会。具有讽刺意味的是：一个结构好的团队的重要特征之一就是有多元化的思维以及背景和技能，这本身就是冲突的一个潜在来源。例如，一个产品开发团队的工程师们有可能不能容忍市场营销专家们所关心的客户如何接受新产品的问题。他们会说："我们不应该仅考虑客户想要什么，如果我们制造一个更好的捕鼠器，客户会主动上门来找我们。"市场营销人员说道："不是那样，我们前进之前，必须更好地考虑客户的需求。"于是冲突就开始了。

为把冲突从消极变成积极的力量，项目经理必须鼓励成员们互相倾听、乐意了解不同的观点、对彼此间的假设要客观地提问。同时项目经理必须阻止冲突成为私人的或私下的，否则容易酿成更深的愤恨。以下介绍了充分利用冲突的三个步骤：

1. 创建一个鼓励人们讨论困难问题的环境。当人们不能解决冲突产生的根源时,不同意见就会产生消极的结果。有些人把这种事情叫做“饭桌上的驼鹿”。它就在那儿,但是没有人想承认它或谈论它。明确表示你希望公开讨论团队困难,并且任何人可以指出存在的大问题。

2. 促进讨论。一旦识别了问题,你怎样处理它呢?利用以下的方针:

- 首先承认这个问题,即使只有一个人看到了这个问题。
- 回顾关于人们已经达成一致的关于如何相互对待的团体规范。
- 鼓励发现大问题的这个人作具体阐述:关于这个问题你究竟看到了什么?这个问题是如何影响我们团队的工作的?
- 讨论不针对个人。不责备人;讨论是什么阻止了进展,而不是谁。
- 如果问题与某人的行为有关,鼓励发现问题的人员解释这种行为如何影响了他或她,而不去猜测这种行为背后的动机。例如,如果某人没有准时完成工作,你可以说:“当你的工作延迟交付时,我们其他人就不能按规定的最后日期完成。”而不是这样说:“我知道你不是十分满意这个产品,但不要以此为理由来破坏我们的计划。”同样地,如果某个人参加规划会议时经常迟到,不要说:“你以为你是谁?参加这么重要的会议都能迟到?”不妨试试这样说:“你参加会议迟到造成我们不能按时开始,这样浪费了其他5位或6位的时间,并且使得我们不能完成会议日程。”

● 团队成员也应该知道如何把反馈传递给项目经理。如果他们察觉到经理缺乏领导能力，他们应说：“当你没有给我们提供方向时，我们不得不猜测你想要什么。如果我们猜错了，我们会浪费大量时间。”而不说：“你似乎对我们应该怎样处理这个项目没有任何想法。”一个好经理知道如何去接受反馈，即使反馈是消极的。

3. 通过讨论怎么办来结束冲突。

● 会议结束时，对于没有解决的问题要提出具体的改进的建议。

● 如果主题太敏感并且讨论也没有结果，把你的会议推迟到另一个具体日期，以便人们可以冷静下来。或者引进一个协调人。一位好的协调人可以利用积极的方式帮助敌对双方解决他们的矛盾。

产生协作行为

协作是有效团队的基础。它使一个团队的力量大于各部分的总和。但协作不总是自然产生的。

你是否看过这样的篮球比赛：比赛中一个队员只要每次手上拿到球他就投球？他的队友们在位置不佳时或被对手紧盯时就会把球传出去。但是“球霸”从不传球，即使队友在很有效的投篮地区。这就是 种非协作行为。你必须避免你的团队里出现这种行为。为什么？因为非协作行为会减缓你的项目进程。

具体地说就是检查你的团队成员是分担工作还是一个人做所有的工作。即使这位主角是一位高绩效人员，他或她的行为都将阻碍其他人的参与和延缓整个项目的进展。同时，注意任何人，包括团队领导者，他

- 在团队的成就中，看起来获得了不适当的荣誉；
- 总是竭力获得更大的团队资源；
- 对个人工作保密或不乐意分享信息；
- 把对目标或方法的不满转变成个人冲突。

最后的一点值得特别注意，因为个人仇恨将把你的项目拉出轨道。团队专家杰弗里·波尔策(Jeffrey Polzer)认为人际关系冲突会分散人们的工作精力和引起他们对团队和目标承诺的减少。他写道："极少的团队开会没有遇见过怒气爆发、公开批评和极端感受。"当这种事情发生时，团队成员们的反应可能是退出辩论，避开面对面争论以便维护他们的相互关系。[1]

如果你观察到这种冲突，采取行动阻止它。想尽一切办法把争执各方叫到一起，客观地分析冲突，并且寻找解决方案。如果双方太固执或太过坚持己见而导致难以解决，可以考虑把那些人调出项目团队。

注意：要保持一个项目的正常运作，冲突和协作绝不是经理必须处理的唯一人际关系问题，还有团队结构、个体团队成员和工作质量等相关的问题。有关这些问题的解决方案可查看表11—2。

有效利用人员的提示

如果你是一位项目经理或团队领导者,如果你采用以下处理人际关系的方法,你将会成功地到达你的里程碑:

- 招募人员时要严格筛选。引进那些把项目看得非常重要的人员。这些人员将更倾向于集中精力实现目标而不是考虑他们与其他成员有什么差别。
- 使成员们从事他们认为有兴趣和有价值的活动。这也将使他们专注于项目目标。
- 公开承认个体成员们的贡献。这些做法可使他们感到受赏识、有价值和是组织中的一部分。
- 承认他们具有不同的价值并阐明他们应如何为共同的目标服务,承认独特技能和个人见识对成功的贡献。
- 为成员创建相互了解的机会。可通过场外娱乐、在团队活动室的团队会餐,也可通过其他方法,如给成员提供个人层面的相互了解的机会。这些做法有助于他们破除陈规(如"和财务人员打交道很难")并且找到协作基础。
- 使成员一起工作!肩并肩地一起工作可以建立团队精神。

沟通的作用

我们已经探究过创建一个沟通计划的重要性并把它作为大项目管理过程的一部分。各类会议、时事通讯、报告和面对面的交流都是传播信息、分享想法和鼓励进行有意义的对话的机制。它们也有助于保持项目的正常运作。

要了解如何利用沟通来保持一个项目的正常运作，就要考虑不同项目参与者完成任务所需的信息。

- **发起人**。发起人需要定期向项目经理汇报项目的状况、进展和报告。这些可以显示项目与规划、预算和质量标准相比照的进展情况。书面报告是沟通信息的常规媒介。（注：在本书后面的附录A中包括一个项目进展报告样本。）发起人也想知道目前和预期的问题、变化需求以及在项目运作过程中的新的机遇。定期的会议是报告这些问题的最好方法。发起人可以利用会议来指导经理和授权某种工作。

- **项目经理**。在一个相当大的项目里，经理必须把重大责任委托给一位或更多团队领导者。例如，一位团队领导者负责技术工作，另一位领导者负责市场启动，等等。项目经理期望团队领导们提供的报告与他或她向发起人提供的报告类型一样。重申一次，定期的进展报告和会议可被用来分享信息、授权行动、作决策和保持项目正常运作。

- **项目团队成员**。项目经理和团队领导们利用沟通来指导和控制团队成员们的工作。个体成员们可以向管理者报告项目进展遇到的障碍、新发现的机遇和如何更好地利用资源。但是沟通必须是双向的交流。团队成员需要知道项目的总状况；已经制定的什么决策会影响到他们的工作；在不确定的情况下，他们应怎样继续进行。会议一般是最好的信息交流的论坛。

- **相关人士**。一个良好的相关人士沟通系统也是很重要的。这些相关人士想了解项目状况和进展的最新信息。

处 理 问 题

保持一个项目正常运作的重要因素之一是解决无数不可避免的问题。一个经理或科学家对项目任务的扩展会感到不安；一些任务的完成比预期的时间更长；两个团队领导者为了争取资源而争斗，把团队成员分成了两个敌对阵营。类似这样的问题像纠缠不休的蚊子一样，会耗尽你的时间和精力。在这样大小的一本书里不可能提供关于每一个问题的解决方案，因而我们在表 11—2 中插入了一个问题解决向导。

项目一般经历四类的冲突：团队结构问题，内部人际关系问题，生产率问题和规划问题。问题解决向导识别了一些非常典型的问题、可能的原因、潜在的影响和被建议采取的行动。虽然它不是完美的，但是你会发现它很有用。

表 11—2　问题解决向导

问题	可能的原因	潜在的影响	行动建议
团队结构问题			
团队成员离开	· 与队友相处不好	· 如果可以招募到具有同样技能的新人，影响不大 · 如果不能找到有同样技能的人员，有可能产生危机	· 为这个和其他关键岗位创建储备 · 横向培训团队成员 · 利用机会引进具有更多知识的人员 · 通过对关键岗位的人员储备可以避免这类问题

表 11—2(续)

缺乏技能/缺失技能	·制定计划时忽略了某种技能 ·在项目中期发现了需要的新技能 ·组织没有准备好承担这个项目	·项目的进展会比规定慢或有可能停止	·在需要的技能方面对团队成员进行培训 ·雇用外面顾问或有技能的承包人
人际关系问题			
不变的团队成员	·员工认为他们的方法是唯一用来运作的方法 ·害怕使用新方法	·进展放慢或受到阻碍	·在一开始就表示出你对灵活的期望 ·通过面对面的工作来减少使用新方法的忧虑 ·当招募人员时寻找具有灵活性的成员
团队内的冲突	·不同的工作类型和专业领域 ·人员对培训没有准备或没有基于团队的工作经验	·进展,对目标的承诺和团队凝聚力将受到影响	·引导人员集中于项目目标和解决方案 ·建立目标承诺 ·分散小派系 ·劝告或从项目中清除煽动者
生产率问题			
错误任务导致浪费的时间	·差的时间管理 ·人员没有对任务按优先顺序排序 ·无效的管理	·在关键路径上的任务将难以完成	·经理应该澄清优先排列顺序
工作质量差	·不明白质量标准 ·缺乏技术	·项目将不能满足相关人士的要求 ·高成本和浪费时间的重复工作将拖延项目	·招募具有符合生产质量要求的技术人员 ·在需要的方面进行技能培训 ·经理们应该从一开始就交流质量期望
团队成员熄火	·规划者们给成员们承担过多的任务 ·没有创造足够的工作种类 ·没有成功地沟通任务的重要性	·日程推迟 ·工作质量差 ·士气差	·避免给个体制定过多计划 ·沟通关键任务的重要性 ·建立多样化并学会工作安排

表 11—2(续)

进度问题			
任务推迟	· 在计划阶段错误地计算了任务持续时间 · 不知道规划问题的动机	· 将继续变得更糟,使项目落后于日程表越来越远	· 勇敢地面对计划中的计算错误,并且如果可能,调整进程 · 创建和执行一个问题解决方案,然后严格监督进展 · 与最接近问题的人员一起寻找原因

资料来源:Harvard ManageMentor® on Project Management (Boston: Harvard Business School Publishing, 2002),42-44。经许可使用。

小　结

- 预算是控制和跟踪项目绩效的一个有用工具。对于有偏差的地方你应该进行干预和调查。
- 定期进行质量检查以便发现问题,然后找到原因并且处理它们。
- 把完整的里程碑作为机遇来庆祝项目进展。
- 关注多样化,它既是优势的来源也是潜在冲突的来源。
- 阻止冲突和非合作性行为。
- 利用沟通系统发现问题和获知反应。

项目管理

12 收尾阶段

12 收尾阶段

结束项目

本章涵盖的关键话题

- 项目收尾阶段的价值
- 如何评估一个已完成的项目
- 把项目工作制成文件以备将来学习之用
- 利用一个专门会议来获取和传授学到的经验
- 庆祝项目的结束

收尾应该是每个项目的最后一个阶段。此时,团队将向发起人和相关人士交付或报告团队成果并且检查他们的绩效。由于经理们不习惯于收尾活动,所以他们倾向于掩盖这个阶段,毕竟他们的日常工作还在继续。同时他们是以行动为导向的人,一旦完成了一项工作,他们就渴望继续工作而不是向后回首。

尽管经理们习惯于忙碌,但收尾工作仍然是值得做的。它有助于人们克服由于工作生活发生重要转变而产生的心理问题。当团队成员长期致力于某个项目时,收尾工作更加重要。收尾提供了一个感谢为项目作出贡献的人们的机会,包括团队成员和其他许多人,他们在不同时间为项目的继续进行提供了建议和资源。

更为重要的是收尾阶段给每一位人员提供了一个反省机会，反省已完成了什么工作；什么工作做对了；什么工作做错了；这个结果还应怎样改进。这些反省是组织进行学习的核心，这些能而且应该被组织发起的其他项目来共同分享。

这里的收尾活动是指绩效评估、文件制作、学到的经验和庆祝活动。

不是所有的项目都有一个清晰的结尾

一般我们认为项目有一个清晰的开始、一个工作时期和一个清晰的收尾。但这种整洁的模式并不适合每一个项目。有些项目只是简单地从一个阶段到另一个阶段。例如，一个软件开发项目刚刚完成一个 1.0 版本，可能马上就得转向计划和开发 2.0 版本；在同一个项目内，可能指派一些刚刚结束开发的项目人员为刚发送走的版本再去开发补丁。然而，即便一个项目刚刚启动就被终止，也应该有本章所阐明的收尾活动。

绩 效 评 估

绩效评估关注的是相对于章程和随后的任何修正案里的三个关键因素而言，项目完成得如何：

- **目标或可交付的成果**。所有的目标都实现了吗？项目可交付的成果符合规定的规格吗？例如，章程要求交付一个进入新市场的完整计划，包括市场规模大小的数据、竞争产品及其价格列表等等。对这个项目进行绩效评估时，应就以上这些细节对项目提交的计划逐一进行评估。

- **进度**。这个项目是按时完成的吗？如果没有，项目团队应该做两件事：(1)评估项目延误给公司带来的成本，(2)确定导致项目延误的原因以及如何能阻止延误。

- **成本**。完成这个项目的成本是多少？这个成本在预算之内吗？如果这个项目超出预算，团队应该确定超支的原因以及如何能避免这种差异。

从理论上来讲，一个能进行客观评估的独立机构应该参加项目完成之后的评估。

文件整理

每个大项目都能产生大量文件，例如会议记录、预算数据、收尾绩效评估等等。这些文件是历史记录的一部分；它们应该被收集和储藏。

为什么对文件整理要这么费心？因为它是知识的来源。参考下面的例子：

两年前市场战略项目完成了它的工作并且这项工作是非常值得称赞的。项目可交付的成果是一个完整的市场分析报告和推出了一种新式的早餐谷类食品的计划，这个计划随着玉米脆(Corn-Crunchies)的成功推出而赢得了声望。

现在同一个公司里的年轻产品经理海伦(Helen)被指派去组织和领导一个相似的项目,这个项目的目标是推出正在开发的另一种早餐食品小孩脆(KiddieKruchies)。海伦和项目核心成员们不想重新设计新模式,希望能借鉴玉米脆的经验。她提议:"让我们看一看那个团队是如何组织和规划工作以及如何追踪项目进展的。"

于是海伦和她的团队花了几天时间仔细阅读那个早先项目的储藏文件。他们挑选出有用的报告样板、研究报告和甘特图。他们也拜访了玉米脆项目经理和几位关键参加人。她想:"这些信息将使我们的计划阶段更容易。"

然而海伦的一个同事斯蒂芬(Stephen)得到了一个重要发现。他说:"在文件里我发现一份报告记录了一个我们市场部人员与菲尔德福瑞史(Fieldfresh)的会议,菲尔德福瑞史是一家英国著名的食品百货经销商。根据这个报告,菲尔德福瑞史已经提出希望成为玉米脆的英国独家经销商,但是我们的人员却同意了曼彻斯特食品公司作为经销商。"海伦插话道:"我们知道曼彻斯特在英国的业绩不佳,斯蒂芬,把那份报告复印一份,我们将把菲尔德福瑞史列在我们这个产品的可能经销商的目录里。"

在这个案例里,海伦的团队在以前的项目文件里发现了几个有用的事物:一个已经验证的组织市场分析和计划方案、报告格式和一个潜在的海外经销商。对后来的项目团队来说,你的项目也许会是一个有用的信息金矿,但前提是你收集了所有重要文件和利用可获取的格式储藏了它们。

学到的经验

在《哈佛商业评论》(*Harvard Business Review*)中，弗兰克·格利弗(Frank Gulliver)认为学习是项目工作的一个重要价值，这个价值被许多公司所忽视。他写道："如果你的公司像大多数公司一样，你花成千上万个小时拟定一个投资计划，然后花几百万美元实施这个计划，但你却不进行评估，也不从项目中总结经验。"[1] 不是每一个组织都是这么目光短浅。美国陆军几十年来一直有一个陆军经验学习中心(the Center for Army Lessons Learned)。这个中心的任务就是尽可能地从每一种战斗类型中学习经验，并且把经验变成实际建议，然后把它们传播给同领域的士兵们。中心积极恳求有过战斗经验的战士们来提供所有的信息，这些信息包括从城市作战的策略到什么时候穿和什么时候不穿护身盔甲，到不同战地条件下高技术系统的有效性如何，比如在多山的阿富汗作战的经验。

这个中心也把外部军队的经历作为自己重要的经验。例如，中心网站上的一篇文章阐述和评价被围困在格罗兹尼(Grozny)的车臣叛乱分子采用的战略和俄罗斯军队在处理那些叛乱分子时存在的问题。(从 http://call.army.mil 查找陆军经验学习中心即可。)

大部分商人认为在管理方面他们远远领先于军队。然而经验学习是一个私人企业也能从自己的经验中学习的领域，可以在项目团队运作和团队提供的报告中找到大量的经验。

学习经验应该是每个项目收尾运作的一部分。项目参加者们应该聚集在一起来确定做对了什么和做错了什么。他们应该列一个表，说明他们成功、失败、未被证明的假设和本可以做得更好的事情。那个列表应该是文字记录的一部分。

四个经验

在哈佛商务评论中的一篇文章里，弗兰克·格利弗指出四个主要经验，这四个经验是他和英国石油公司（British Petroleum，BP）从系统性的项目后评价（systematic postproject appraisals，PPA）中学到的。它们是：

1. **更准确地确定成本**。在没有利用PPA之前，BP计划者们难以准确预测项目的范围。在大部分情况下，这会导致不切实际地低估项目预算。

2. **预测并将风险降为最低**。这个公司从它的并购和公司扩张的经验中学到项目计划者们需要额外的时间进行市场问题研究。

3. **评价承包商**。PPA引导建立一个承包商评价单位，这个单位致力于审理承包商资格和监督他们的绩效。

4. **改善项目管理**。在PPA的建议下，公司建立了一个项目部来帮助工程师们获得如何成为有技能的项目经理的技术。

资料来源：Frank R. Gulliver, "Post-Project Appraisals Pays," *Harvard Business Review*, March-April 1987, 128-130。

以下是应该在一个经验学习会议上提出的部分问题目录：

- 回顾过去，我们的假设的合理程度如何？
- 我们对关键假设花心血了吗？

- 我们是如何作出选择的？
- 我们对时间的估计如何，是低估了还是高估了任务持续时间？
- 我们的会议是富有成效的还是浪费时间？

最后的问题是：如果我们明天重新开始，我们应该改变哪些事情？

制作一个经验系统目录，可按话题（例如，计划、预算、执行等等）进行分类，并且按表12—1的方式组织内容。应让所有后续项目团队都能获得这些文件。除了可交付的成果，这些经验可能是你的项目经验中最有价值的产出。

表12—1 学到的项目经验

项目阶段/任务	起作用的工作	不起作用的工作	改进方法
计划/时间估算		不断地低估完成任务的时间。破坏了进度日程。	必须更系统地估算。不要试图作出最靠谱的猜测。采用专家建议。
执行/控制预算	在还来得及控制的时候，双周预算报告发现与原预算发生差异。		低估了开发外部资源软件的预算。下次要让我们内部的IT人员参加团队。

资料来源：Harvard ManageMentor® on Project Management (Boston: Harvard Business School Publishing, 2002), 54。经许可使用。

使经验发挥作用

使学到的经验发挥作用的一个方法是在你公司发起的许多项目之间保持员工安置的持续性。例如,如果公司刚刚完成了一个软件开发项目,在技术能力许可的情况下,可把项目中几位有经验的人员指派到下一个项目中。这些经验丰富的员工从上一个项目带来了经验教训,这些经验教训会为初次参加项目的人员提供经验和知识的源泉。

庆　　祝

如果你遵循了早先提供的建议,你已经利用一个动员会和一些参加者宴会活动来正式启动了你的项目。发起人参加了那个活动并且勾画你们即将开始的旅程以及这个项目要实现的目标,首席执行官出席并阐述了这个项目对公司和所有员工的重要性。

项目收尾时,做与上面很相似的事情,让同样角色的人物回顾你们做了什么和这个项目对公司的影响。如果项目成功了,一定要邀请曾经帮助过项目的任何客户、供应商和非项目员工;如果项目没有实现所有的目标,要强调人们付出的努力和他们已经实现的目标。

项目经理应该利用这个机会感谢所有帮助过项目和参加项目的人员。这样的事一做完,就该拉开酒瓶的软木盖并庆祝你的项目结束。

小 结

● 项目绩效的评价应基于章程的目标或可交付的成果以及遵循进度和成本的情况。

● 项目文件为未来学习提供了记录。

● 在项目结束时，利用一个非正式会议挖掘导致成功和失败的因素。将这些列入一个系统的清单内，并且要使将来项目人员很容易获得这个清单。

● 利用一个收尾会议来正式地结束这个项目，庆祝成功、总结经验和感谢所有的参加者。

附录 A 有用的执行工具

附录 A 有用的执行工具

这个附录里包括大量工具，它们可以帮助你有效地组建团队，管理项目进程和处理典型问题。所有采用的表格来源于哈佛管理导师（Harvard ManageMentor），这是哈佛商学院出版公司的一个在线产品。

1. 界定你的项目（图 A—1）。这个表格将帮助你发现项目的核心问题和要素。

2. 工作分解结构（图 A—2）。利用这个表格创建一个工作分解结构，它能确保你避免忽略复杂活动中的任何一个重要部分或低估完成工作所需的时间和资金。如果需要可以增加页数。

3. 项目进展报告（图 A—3）。利用这个表格有助于评估进展，给其他人提供信息，仔细考虑下一步。为了方便读者，在哈佛商务指南系列丛书的网站可以找到这个工具可下载的版本：www. elearning. hbsp. org/businesstools。

图 A—1 界定你的项目——发现项目的核心问题和因素

"真实的"的项目	
我们将要做的事情的必要性或目的是什么?	
什么导致人们把这看成一个需要解决的问题?	
人们用什么标准来判断这个项目是成功的?	
相关人士	
谁在解决方案或成果里占有股份?	
不同相关人士的项目目标不一致时怎么办?	
什么职位或人员会影响项目的活动或结果?	
谁打算提供资源(人员、空间、时间、工具、资金)?	
项目所需技能	
所需技能	可能的团队成员
1.	1.
2.	2.
3.	3.
4.	4.
5.	5.
6.	6.

资料来源:Harvard ManageMentor® on Project Management (Boston: Harvard Business School Publishing, 2002),50。经许可使用。

图 A—2　工作分解结构

描述整个项目：			
主要任务	第一层 子任务	第二层 子任务	第二层 子任务持续时间
总持续时间（小时/周/天）			
主要任务	第一层 子任务	第二层 子任务	第二层 子任务持续时间
总持续时间（小时/周/天）			

资料来源：Harvard ManageMentor® on Project Management (Boston: Harvard Business School Publishing, 2002),51。经许可使用。

图 A—3 项目进展报告

项目:		**报告人:**	
日期从:		**到:**	
目前状态			
这个期间的主要里程碑:			
已取得的(列表)		下一步将发生的(列表)	
关键问题:			
已解决的(列表)		需要解决的(列表)	
关键决策:			
已达成一致(列表)	需要达成一致的(列表)	决策者	什么时候
预算状况:			
牵涉方面			
列出目标变化、时间界限/交付日期、项目范围和资源分配(包括人员和财务)。			
下面的步骤			
列出具体行动步骤,它们将有助于项目成功地向前推进。如果可能给每一步骤起一个名字并附上日期。			
步骤		责任人	日期
意见:			

资料来源:Harvard ManageMentor® on Project Management (Boston: Harvard Business School Publishing, 2002),52。经许可使用。

附录 B 有效会议的向导

附录 B　有效会议的向导

会议在大部分组织工作中确实存在，对于项目来讲也不例外。因为会议非常频繁和重要，所以应尽可能举行有效的会议，这对项目很有益处。如果你能注意会议中的这些关键方面：准备，会议过程本身和追踪调查，你就可以举行有效的会议。这个向导来源于哈佛管理导师，它是哈佛商学院出版公司的在线产品。

准　　备

你肯定参加过一些缺乏准备或没有准备的会议。这些会议做成什么事情了吗？也许什么都没有。在某些情况下，会议的目的从一开始就不清楚；有时，作决策的一个或多个人没有收到会议邀请。遵循以下这些一般规则能让你避免这些错误：

- 确信你的会议是必要的。会议会消耗每位参会人员的时间。如果不召开会议也可以实现目标，那就不要开会。
- 澄清每一个会议的目标。每一位参加者应该能回答这个问题：我为什么来这儿？如果目标是作决策，确认每个人事先知道要就什么问题作决策，并且确认他们有时间和所需准备的材料。

- 召集合适的人员。只邀请那些对会议有所贡献的人，他们的参加是必要的；或者邀请能从会议中学习的人。
- 事先提供一个议程。一个会议议程能间接地确定会议的目标。
- 事先试探关键参加者。如果你事先知道关键参加人对议程里的重要问题的看法，你会把会议准备得更好。你所得到的信息有助于你对议程进行合理改动。
- 坚决要求每个人作好准备。这意味着可加快讨论速度；也意味着参会者带来相关的文件、报告或实物；并且作好进行讨论和作决策的准备。

在会议期间

好的准备有助于进入第二阶段。这时你应该：

- 说明会议的目的。即使你已经说过会议的目的，但是当你邀请的人们参加会议时，重申会议的目的是聪明的举措。
- 让每个人都有一个发言的机会。如果一位或两位人员控制交流，或者如果某些参加者羞于插话，你可以这么说："菲尔(Phil)，非常感谢你的那些看法，夏洛特(Charlotte)，关于这个问题你怎么看？"

● 防止讨论离题。离开关键问题的会议将很快坠入浪费时间的胡扯中。

● 以确认的事物和行动计划结束会议。你的会议应该转向某种行动。“好，我们决定雇佣数据猛士(DataWhack)安装新服务器；根据你们达成的一致，我来负责采购订单的事宜；比尔(Bill)将给销售人员打电话并且建立时间表；珍妮特(Janet)着手找人处理旧设备。”

贯彻到底

一旦会议结束，我们都会感到放松并且说：“我非常高兴会议结束了。”但是如果你是这个会议的领导者或承担着会议决定的任务，事情还没有真正结束。

这个会议领导者应该尽快本着下面的精神起草备忘录：

来自：理查德(Richard)

致：IT 项目团队

感谢你们对今天早上会议的贡献。我们选择数据猛士作为新服务器的供应商。我认为这是一个好的选择和决策，它使我们离项目的完成更近了一步。这个决策的行动步骤如下：

● 我将负责采购订单的事宜。

● 比尔按着规划联络销售人员。

● 珍妮特将开始找人来处理旧的服务器。

本周让我们完成这些事情，然后我们能继续下一个规划任务。

这种贯彻到底的备忘录通过告诉成员他们又向目标迈进了一步从而极大地鼓舞了成员，而且这也可以提醒某些参会者采取他们承诺过的行动。

注　释

注 释

第 1 章

1. Lynda M. Applegate, Robert D. Austin, and F. Warren McFarlan, *Corporate Information Strategy and Management*, 6th ed. (Burr Ridge, IL: McGraw-Hill/Irwin, 2002), 278.

2. Gregory H. Watson, *Strategic Benchmarking* (New York: John Wiley & Sons, Inc., 1993), 114-115.

3.较高地位领导者和地位较低的领导者以及核心团队成员之间的讨论,见 Steven C. Wheelwright and Kim B. Clark, *Leading Product Development* (New York: Free Press, 1995), 81-85。

第 2 章

1. Richard Leifer, Christopher McDermott, Gina Colarelli O'Connor, Lois Peters, Mark Rice, and Robert Veryzer, *Radical Innovation* (Boston: Harvard Business School Press, 2000), 163.

2. Jeffrey T. Polzer, "Leading Teams," Class note N9-403-094(Boston: Harvard Business School, 2002), 7.

3. Jon R. Katzenbach and Douglas K. Smith, "The Wisdom of Teams," *Harvard Business Review*, March-April 1993,118.

4. 在这里列出的基本特征主要来源于团队的两个重要的思想。能力和对共同目标的承诺出现在 Jon R. Katzenbach 和 Douglas K. Smith 的畅销书《团队智慧》(*The Wisdom of Teams*)中，这本书出版于 1993 年。J. Richard Hackman 提供了成功团队的两个其他关键特征：一个可行的结构和一个支持性的环境。Hackman 的《领导团队》(*Leading Teams*)出版于 2002 年。关于团队和团队管理的其他重要看法，见书尾"扩展阅读"中的书目和文章列表。

5. 有较高地位的团队和团队领导者的讨论，见 Steven C. Wheelwright and Kim B. Clark, *Leading Product Development* (New York: Free Press, 1995), 81-85。

第 3 章

1. J. Richard Hackman, *Leading Teams* (Boston: Harvard Business School Press, 2002), 83.

2. 同上，74。

第 4 章

1. Thomas J. Allen, "Communication Networks in R&D Labs," *R&D Management* 1 (1971): 14-21.

2. Marc H. Meyer and Alvin P. Lehnerd, *The Power of Product*

Platforms (New York: Free Press, 1997), 137.

第 9 章

1. Robert D. Austin, "Project Management and Discovery," *Science's Next Wave*, 12 September 2002, http://nextwave.sciencemag.org/cgi/content/full/2002/09/10/4(2003 年 9 月 4 日访问)。

2. 见 Robert Austin, "The Effects of Time Pressure on Quality in Software Development: An Agency Model," *Information Systems Research* 12, no. 2(2001): 195-207。

3. Lynda M. Applegate, Robert D. Austin, and F. Warren McFarlan, *Corporate Information Strategy and Management*, 6th ed. (Burr Ridge, IL: McGraw-Hill/Irwin, 2003), 269-270.

4. Robert Austin, "Project Management and Discovery," *Science's Next Wave*, 12 September 2002, http://nextwave.sciencemag.org/cgi/content/full/2002/09/10/4 (2003 年 9 月 4 日访问)。

第 10 章

1. Jon R. Katzenbach and Douglas K. Smith, "The Discipline of Teams," *Harvard Business Review*, March-April 1993, 118.

2. 同上。

第 11 章

1. Jeffrey T. Polzer, "Leading Teams," Class note N9-403-094(Boston: Harvard Business School, 2002),15.

第 12 章

1. Frank R. Gulliver, "Post-Project Appraisals Pay," *Harvard Business Review*, March-April 1987, 128-130.

术语表

术语表

瓶颈(BOTTLENECK) 关键路径上引起工作堆积的任何任务。

预算(BUDGET) 经过一定时期,将计划转变成可以测量的支出和可以预期的回报的一种换算。

章程(CHARTER) 对项目工作一个具体的书面描述,章程可能包括发起人的名字、时间表、可交付的成果的描述、公司收益和预算。

督导(COACHING) 一种双方的活动,活动中各方分享知识和经验,以便最大化地增加成员们的潜能和帮助他或她实现已定的目标。被指导的人员积极而主动地参与这个双向的活动。

意外事故计划(CONTINGENCY PLAN) 为潜在问题事先安排好的行动过程,它回答这个问题:"如果 X 发生了,我们将采取什么有效方式去应对?"

关键路径法 (CARITICAL PATH METHOD) 用于为由几个单独的活动组成的复杂项目制定计划的一种技术。如果一个或更多活动完成之后其他活动才能开始进行,那么这些就是"关键的",也是项目准时完成所必需的。项目总的持续时间由关键路径决定。

协调人(FACILITATOR) 通常是一个顾问或人力资源培训师,他能帮助团队成员有效地在一起工作。

完成后开始(FINISH-TO-START) 一个任务完成之后其

他任务才能开始的任务关系。

甘特图(GANTT CHART) 就是一个带长方块的图表,任务列在左侧的栏内,并给任务配上相应的时间块。这些方块显示任务何时开始,基于任务之间的关系它们又何时结束。

人际关系技能(INTERPERSONAL SKILL) 与其他人一起有效工作的能力,这是基于团队工作的非常重要的特性。

网络图(NETWORK DIAGRAM) 显示所有任务之间相互关系的时序安排图。这个图也显示关键路径。通常与 PERT 图同义。

组织技能(ORGANIZATIONAL SKILL) 包括与其他单位的沟通能力、对公司政治前景的预测能力以及拥有网络的能力。

绩效评估技术图表(PERFORMANCE EVALUATION AND REVIEW TECHNIQUE)简称(PERT) 一种时序安排的方法,绘图时,每一项任务用节点来表示,这个节点与其他完成项目所必需的节点连接。一个 PERT 图可能有许多平行或相互联络的任务,因此提倡对复杂的项目要定期进行检查。与甘特图不同的是,PERT 显示所有重要任务之间的相互关系和项目里程碑。

解决问题技能(PROBLEM-SOLVING SKILL) 分析困难情形或僵局以及找到解决方案的个人能力。

项目(PROJECT) 一系列活动,这些活动(1)目的是生产一个独特的可交付的成果(例如,一个新的商用机身),(2)完成时间被限制在清晰的开始和结束之内。

项目管理(PROJECT MANAGEMENT) 在一段特定时间内,为了实现一个特定目标而对资源进行的分配、跟踪和利用。

项目经理(PROJECT MANAGER) 负责计划和规划项目任务以及项目执行的日常管理的个体。

项目筹划指导委员会(PROJECT STEERING COMMITTEE) 一个负责批准项目章程、保证资源以及对改变交付物、规划和预算等项目关键成分的所有要求进行裁定的项目实体。

项目团队(PROJECT TEAM) 在一个有限的时期内为完成一个非日常的任务而组建的团队。

风险管理(Risk Management) 是项目计划编制过程的一部分,它能识别关键风险并且拟定计划来阻止或减轻风险引起的不利影响。

发起人(SPONSOR) 一位对团队成果持有股份的经理或高级管理者,他有权界定和批准团队工作。

相关人士(STAKEHOLDER) 对项目的结果有既定利益的任何人,他们能判断一个项目的结果是成功还是失败。

筹划指导委员会(STEERING COMMITTEE) 见项目筹划指导委员会。

团队办公室(TEAM ROOM) 提供项目团队工作的物理空间。它可被用来开会、非正式集会以及展示和储藏对团队任务非常重要的物品和文件。

技术技能(TECHNICAL SKILL) 在市场调查、财务和软件编程等方面具有的专门技术,一般可通过专门培训或教育获得。

偏差(VARIANCE) 实际结果与预期结果之间的差值。偏差可能是有利的,也可能是不利的。经理利用偏差去寻找问题和特殊绩效的来源。

工作分解结构(WORK BREAKDOWN STRUCTURE, WBS) 项目规划时的一项日常工作,它把项目目标分解成许多需要完成的任务,并估算完成这些任务所需的时间和资金。

扩展阅读

扩展阅读

注释和文章

Gulliver, Frank R. "Post-Project Appraisals Pay." *Harvard Business Review*, March-April 1987.

英国石油公司(BP)开始运作一个由内部分析师和调查员组成的项目后的评估团队,这个团队在项目完成之后,花了几年时间详细检查这个项目为什么成功或失败。作者解释了评估过程是如何帮助经理们更准确地拟定项目计划和更有效地执行这些计划的。他也说明每个 BP 项目产生的投资回报至少与项目预测的投资回报一样高。

Harvard Business School Publishing. *Project Management Manual*. Boston: Harvard Business School Publishing, 2002.

一本关于组织项目和管理项目完成的简明入门书籍。

Pinto, Jeffrey K., and Om P. Kharbanda. "How to Fail in Project Management (Without Really Trying)." *Bus-*

iness Horizons, July-August 1996, 45-53.

项目管理技能作为能加速产品开发、有效利用资源和激励部门沟通的工具已经被广泛接受。不仅生产企业，而且法律事务所，医院和当地政府也都把项目管理作为它们运营中不可缺少的部分。但是失败和巨大的灾难仍大量存在，作者对那些不成功的做法的研究表明是大量的自认为绝对不会出错的方法毁灭了项目。

"What You Can Learn from Professional Project Managers," *Harvard Management Update*, February 2001.

管理大资本项目或大量同时进行的项目的公司一直认为在计划、规划和控制等工作方面需要专门技术。但在过去的十年里，非项目驱动的企业，尤其是把它们自己看作是卖解决方案而不是卖产品的企业已经看到了光明。也因为如此，项目管理已经变得越来越重要和复杂。这篇文章概括了它们是如何从这一职业领域中获益的。

书　籍

Frame, J. Davidson. *The Project Management Competence: Building Key Skills for Individuals, Teams, and Organizations*. San Francisco: Jossey-Bass, 1999.

和其他管理艺术一样，有效项目管理需要有个人、团队、组织层面的技能。这本书展示了这些层面的项目管理技能是如何带来成功的结果的。它阐述了项目经理所需的能力和他们必须如何得到大组织的支持。

Kerzner, Harold. *Applied Project Management: Best Practices on Implementation*. New York: John Wiley & Sons, Inc. ,2000.

这本书提供了来自经理们的关于决策过程、项目管理执行方面的成功和失败的一些评论。列举的 25 个案例研究了极为重要的项目管理争议、问题和它们的解决方案。里面也包括对一些经过标准检验过的最好案例的评论。

Mingus, Nancy. *Alpha Teach Yourself Project Management in 24 Hours*. Indianapolis, IN: Alpha Books, 2002.

针对项目的建立和管理,编写了长达 24 节课的循序渐进的向导。

Schmaltz, David A. *The Blind Man and the Elephant*. San Francisco: Berrett-Koehler Publishers, Inc. , 2003.

作者通过引用一个关于六个盲人没有描绘出一头完整大象的熟悉的暗喻,找出了项目工作困难的原因。根据他的发现,这个原因是一群无能的合作者无法根据他们共同的项目经历创造出共同的意图。

项目管理

顾问和作者简介

顾问和作者简介

关于内容顾问

罗伯特·D. 奥斯汀(Robert D. Austin)是哈佛商学院技术与运作管理系教员。他曾在由著名的科技公司建立的新行业中任高级管理者,这使他积累了大量的实用项目管理经验。另外他在福特汽车公司(Ford Motor)也做了十年的高级管理者 。

奥斯汀教授的研究集中在非重复性管理、知识加强活动和信息技术管理等领域。他是下面四部书的作者:*Artful Making: What Managers Need to Know About How Artists Work* (与 Lee Devin 合著,2003),*Corporate Information Strategy and Management*(与 Lynda M. Applegate 和 F. Warren McFarlan 合著,2003),*Creating Business Advantage in the Information Age* (与 Applegate 和 McFarlan 合著,2002),和 *Measuring and Managing Performance in Organizations* (1996)。

关 于 作 者

理查德·吕克(Richard Luecke)是哈佛商务指南系列丛书中本书和其他几本书的作者。吕克住在马萨诸塞州的塞勒姆(Salem,Massachusetts)。他撰写和编写了与各类商务主题相关的著作逾30本,并发表了几十篇文章。吕克拥有圣·托马斯大学的工商管理硕士学位。